語の意味と文法形式

岡田幸彦 [著]
OKADA Yukihiko

故 松田徳一郎先生に捧ぐ

目　次

はじめに　*1*
1. 国語辞典の意味の規定から ………………………………………… *1*
2. 語の意味の規定とは ………………………………………………… *3*

序　語の意味の規定　*5*
1. 語の語彙的意味 ……………………………………………………… *5*
2. 語の意味の特徴と結合関係 ………………………………………… *7*

第1部　名詞と移動動詞の結合　*11*

第1章　移動動詞と結合する特定の格形式の名詞 ……………………*15*
1. 移動動詞との結合における名詞 …………………………………*15*
2. 格形式に関する先行研究 …………………………………………*21*

第2章　移動動詞との結合における名詞の意味 ………………………*25*
1. 移動が始められる場所を表す名詞 ………………………………*25*
　　1.1　移動が始められる場所を表す名詞＋**から**　*25*
　　1.2　移動が始められる場所を表す名詞＋**を**　*32*
　　1.3　名詞＋**から**と名詞＋**を**の違い　*34*
2. 移動が行われる場所を表す名詞 …………………………………*36*
　　2.1　移動が行われる場所を表す名詞＋**を**　*36*
　　2.2　移動が行われる場所を表す名詞＋**を**と他の格形式の名詞の共起　*42*

3. 移動が終わる場所を表す名詞 …………………………………… *44*
      3.1 移動が終わる場所を表す名詞＋まで　*44*
      3.2 移動が終わる場所を表す名詞＋に／へ　*48*
      3.3 名詞＋までと名詞＋に／への違い　*50*
   4. 移動において目指す場所を表す名詞 ……………………………… *54*
   5. 移動が行われる方向を表す名詞 …………………………………… *56*
      5.1 名詞＋に／へ―移動が終わる場所を表す場合と
           移動が行われる方向を表す場合　*56*
      5.2 移動動詞の語義と「方向」　*57*
      5.3 特定の方向における移動を表す動詞　*64*

第3章　移動動詞の結合特性と語義の特徴 ……………………………… *67*
1. 特定の格形式の名詞と移動動詞の結合―まとめ ……………………… *67*
2. 動詞の結合特性と語義の特徴 …………………………………………… *70*
3. 移動動詞の語義の結合的特徴 …………………………………………… *74*

第2部　移動動詞の語義と語彙体系　*77*

第4章　語義の結合的特徴から見た移動動詞 …………………………… *79*
1. 出発性動詞 ………………………………………………………………… *79*
      1.1 特定方向性を持たない出発性動詞　*81*
      1.2 特定方向性を持つ出発性動詞　*88*
2. 経由性動詞 ………………………………………………………………… *97*
      2.1 他の語義の結合的特徴を持たない経由性動詞　*97*
      2.2 到着性を持つ経由性動詞　*99*
      2.3 到着性・移動過程終了性を持つ経由性動詞　*100*
      2.4 移動過程終了性を持つ経由性動詞　*108*
      2.5 特定方向性を持つ経由性動詞　*109*
3. 出発性・経由性を持たない動詞 ………………………………………… *117*

第5章　移動動詞の語彙体系 ……………………………………… *121*
1. 移動動詞の語義の結合的特徴と語彙体系 ……………………… *121*
2. 部分的に重なり合う範疇の動詞 ………………………………… *122*

第3部　非文末述語としての移動動詞　*125*

第6章　経由性動詞の下位分類 …………………………………… *127*
1. 継起関係を表す形式(1)—して ………………………………… *128*
2. 継起関係を表す形式(2)—すると ……………………………… *131*
3. 経由性動詞の下位の特徴—して形式／すると形式の用法から … *136*

第7章　到着性動詞の下位分類 …………………………………… *141*
1. 到着性動詞の下位の特徴(1)—して形式／すると形式の用法から …… *141*
2. 到着性動詞の下位の特徴(2)—するまで形式の用法から ………… *144*

終わりに　*147*

参考文献　*151*
用例出典　*153*
後書き　*155*

はじめに

1. 国語辞典の意味の規定から

　ある語の意味を、その同じ言語を用いて規定しようとする際の困難さは、日常的な経験からも明らかであって、改めて述べる必要はないだろう。現代日本語の語の意味を現代日本語によって規定した身近な例が国語辞典の意味規定であるが、同一の語の意味規定が辞典によって異なっていることは決して珍しくない。試みに、代表的な小型辞典から、『岩波国語辞典』と『新明解国語辞典』の、いく（ゆく）の意味規定の空間移動に関する部分を比べてみよう。

『岩波国語辞典（第七版）』から抜粋（ゆーくとして記載；下線・太字引用者）
距離的・時間的に**遠ざかる**。↔来る。
㋐<u>始めの場所から</u> **あちらへ移る**。「向こうへ―・け」。**出掛ける**。「では―・こうか」。**立ち去る**。「―雁の群れ」
㋑<u>目的の所に</u>**向かう**、また**進んで着く**。「海に―」「芝居（を見に）―」「嫁に―」「後日通知が―のを待ってもらいたい」。そこに**通う**。「毎日会社へ―」。そこに**通ずる**。「駅に―道」
㋒単に、<u>そこを</u>**通る**（**進む**）。「道―人」「荒野を―」

『新明解国語辞典（第七版）』から抜粋（ゆ・くとして記載；下線・太字引用者）
〈((どこカラ) どこ・なにニ (なにデ) ―/<u>どこヲ</u>―〉 その場所から、他の場所へ**移動する**（**進む**）。「一足先に―/先頭（わが道）を―/行き着くところまで―/学校へ（買物に）―/先方に望まれて―〔＝嫁に行く〕決心をした/養子に―/（略）/死にに―ようなものだ/（略）」

　辞典によって、意味規定の方法も、その内容も異なっている。『岩波』は

別の動詞によって言い換え、規定の一部として共に用いられる名詞の情報を提示しているのに対し、『新明解』は共に用いられる名詞についての情報を提示した上で、他の動詞によって言い換えている。両者を具体的に比較してみよう。

　『岩波』では、

　　とおざかる

によっていく（ゆく）の空間移動の意味全体を言い換え、それを下位分類して、

　　初めの場所から あちらへ うつる／でかける／たちさる
　　目的の所に むかう・すすんで つく／そこに かよう／そこに つうずる
　　そこを とおる（すすむ）

という三種類の項目を立てている

　これに対し、『新明解』では、

　　（どこカラ）どこ・なにニ（なにデ）／どこヲ

という共に用いられる名詞についての情報を提示して、

　　その場所から 他の場所へ 移動する（すすむ）

と言い換えている。

　このように、いくの意味を規定するために、『岩波』では他の動詞によって言い換えることから、『新明解』では共に用いられる名詞について情報を提示することから始めているのであるが、各方法は意味のどのような面をとらえているであろうか。

　また、語の意味規定としての言い換えを見ると、『岩波』では**とおざかる**が全体の言い換えに、（1）**うつる／でかける／たちさる**、（2）**むかう・すすんで つく／かよう／つうずる**、（3）**とおる（すすむ）**が下位の項目に用いられているのに対し、『新明解』では**移動する（すすむ）**が用いられている。このように、言い換えに用いられる語も辞書によって異なっている。ある語の意味を規定するために他の語で言い換える場合、適切な語を選ぶ方法があるだろうか。

2. 語の意味の規定とは

　そもそも、ある語の意味をその同じ言語によって適切かつ客観的に規定することは可能であろうか。例えば、宮島（1966）は「言いかえ」について以下のように述べている*¹。

　　…<u>言いかえ</u>による意味の説明の欠点としては、それが<u>現実とのむすびつきを直接には可能にしない</u>ということ、結局のところは<u>ことばの世界でのどうどうめぐりにおわる</u>ということ、この２つがある。しかし、それらの短所が同時にまたこの方法の長所とむすびついたものであることを、ここではのべたいとおもう。（宮島（1966：149-150）；下線引用者）

　宮島（1966）の以下の記述にしたがえば、「言いかえ」が「現実とのむすびつきを直接には可能にしない」こと、「ことばの世界でのどうどうめぐりにおわる」ことは意味およびその体系の本質に関係することになるであろう。

　　単語は、おなじ種類のものごとをまとめてあらわす。<u>単語の意味は本質的に抽象的である</u>。そして、タイプライターが「……器械」だと説明することは、<u>非本質的な特徴をすてさって</u>、<u>抽象的なものを抽象的な形のままで説明すること</u>にほかならない。（同（同：151）；以下、下線引用者）

　　…対象語と説明語とがおなじ言語体系に属しているばあい、<u>言いかえは、対象語を意味的な体系のなかに位置づけるという積極的な役わりをはたしている</u>。…現代語辞典で「書物」という見出し語を「本」と言いかえるとき、それは単なる意味の説明にとどまらず、<u>これら２つの単語が現代語の体系のなかで類義関係にあることをもしめしているのだ</u>。…

---

*1　宮島（1966：147）には、「不完全な言いかえの例」として、教科書の下調べの際に、「予め」を自習書で調べたところ、「予め＝前もって」と書いてあったが、「前もって」がよくわからず、国語辞典をひいたところ、「前もって＝予め」「予め＝前もって」となっていたという、ある国語教師の現場からのエピソードが紹介されているが、これは「どうどうめぐり」の極端な場合であろう。

(同(同:153);引用者注「対象語」=説明される語)

　では、語の意味の「本質的な特徴」をとりだし、「意味的な体系のなかに位置づける」適切な方法があるだろうか。また、前節でいくについて見た、他の語への言い換え、共に用いられる名詞についての情報提示という国語辞典の意味規定の方法は、語の意味の本質的な特徴をとりだすこと、意味的な体系のなかに位置づけることとどのような関係があるだろうか。本書では、現代日本語の、**いく**のような、人または人に準ずる物の空間移動の全体あるいは一部分を表す動詞(以下、**移動動詞**[*2])をとりあげ、語の意味の特徴をとりだし、意味的な体系の中に位置づけるための方法を検討する。

　[*2]　本書では記述の対象を基本的に和語の単純語に限定する。また、漢字による書き分けの問題については扱わない。

序

語の意味の規定

　語の意味とは何か——これは、Ogden,C.K.&Ricahards,I.A."The Meaning of Meaning"(1923)をはじめ、さまざまな研究者によってとりあげられてきた重大な問題である。現代日本語の移動動詞の意味を具体的に検討する前に、Lyons (1995)、宮島 (1966) を中心に、本書に関係する範囲で、語の意味とその規定に関する一般論を見ておく。

1. 語の語彙的意味

　言語の問題として語の意味がとりあげられる場合、二種類の「意味」が対象にされる。**語彙的意味** lexical meaning と**文法的意味** grammatical meaning である。例えば、Lyons (1995：52) によれば、同じ語（語彙の単位としての語彙項目、語彙素 lexeme）の異なる形式（例：girl 単数形と girls 複数形）は、語彙的意味を共有するが、文法的意味の点で異なっている。本書「はじめに」で見たのは、ある語の語彙的意味をその同じ言語によって規定する際の問題ということになる。

　Lyons (1995) は、言語が現実にかかわる方法として、denotation と reference を区別している。denotation とは、その語（あるいは表現 expression）が、特定の発話での使用から独立的に、言語体系において持っている意味の一部である[*3]。これに対して、reference は発話に依存しており、語彙項目は発話の特定の文脈において、指示する表現 reffering expression（の構成部分）

---

　*3　Lyons (1977：207) は、denotation を「語（語彙項目）と、言語体系外の人・物・場所・特徴・過程・活動との間に保たれる関係」と定義している。

として用いられる。例えば、dog という語は常に動物の同じ集合を denote するが、the dog、my dog は異なる発話でその集合の異なるメンバーを指示する (78-79)。ここでは denotation を**言語外表示**、reference を**現実指示**と呼ぶ。

Lyons (1995) はさらに、語の意味の別の面、言語外表示と相互依存関係にある sense を挙げている。ある表現の sense とは、同じ言語の他の表現との間に保たれる sense-relation[*4]の集合あるいは網であって、語彙間、言語体系内の問題である (79-80)。ここでは sense を**言語内意味**、sense-relation を**意味関係**と呼ぶ。

意味関係には、bachelor（独身男性）と spinster（独身女性）の間（同じ文法カテゴリーの交替可能なメンバー間）に保たれるような substitutional relation、unmarried（未婚の）と man、woman の間（文法的に適格な結合中の表現間）に保たれるような combinatorial relation[*5]という二種類があるとされる (124-125)。ここでは substitutional relation を**交替関係**、combinatorial relation を**結合関係**と呼ぶ。

一方、宮島 (1966：146) は、語の意味に関して、意味体系という観点から、「ある単語の意味を説明するということは、意味体系中におけるその単語の位置を説明することにほかならない」と述べている[*6]。

宮島 (1966：168-169) はさらに、ある語が文の中で使われるときの意味的な関係として、

(a) 対象との関係
(b) 文中の他の単語との関係

[*4]　Lyons (1995：102) は、sense-relation を「各繊維が関係であり、各結び目が別々の語彙項目である織物」にたとえている。
[*5]　unmarried man、unmarried woman は、文法的に適格であるだけでなく、形容詞・名詞の言語内意味の適合 congruity によって結合的に collocationally 許容もできる、とされる (Lyons (1995：124-125))。
[*6]　宮島 (1977：10) は、「単語のあいだの意味的な関係にはどのような型があるか、ということをみることが、語彙の意味的な体系を分類することになる。」と述べている。

(c) 同種の他の単語との関係

を挙げ、その例として、「そこには大きな木があった。」という文に用いられているそこ、**大きな**、木、あるという各語が、「一方で一定の対象をあらわし (a)、またこれら相互がおなじ文を構成する成分として関係しあう (b)」としている。また、「(c) 同種の他の単語との関係」は「表面にはでていない」が、**ふとい**、**たかい**、**ひょろながい**、**巨大**な等が**大きな**の「表現価値を制約」するとしている。

　宮島 (1966) の三種類の意味的な関係は、前掲の Lyons (1995) の意味および意味関係の各概念と対応している、ということができる。すなわち、(a) 対象との関係と言語外表示、(b) 文中の他の単語との関係と結合関係、(c) 同種の他の単語との関係と交替関係、という対応である。語の語彙的意味に関する諸概念の中で最も本質的であるのは言語外表示であり、各語の言語外表示を規定することができれば、その語の語彙的意味の本質的な部分を規定したといってよいであろう。だが、本書「はじめに」にも引用したように、語の語彙的意味とは、「本質的に抽象的である」(宮島 (1966 : 151))。語と、その語によって表される言語外の対象との関係である言語外表示は、意味に関する諸概念の中で最も抽象的なものの一つであろう。では、言語外表示を具体的に規定するためにはどのようにすればよいであろうか。

2. 語の意味の特徴と結合関係

　言語外表示を具体的に規定する手段になりうるのが、宮島 (1966 : 170) が「意味体系の問題は、この特徴の問題を追及することで、はじめて具体的な内容をもつことになる。」とする、**区別する特徴／まとめる特徴**である。

　　　意味の特徴をみとめることは、その単語があるグループに属することをみとめることだ。
　　…「区別する特徴」という表現をしてきたが、これは、別の面からみれば、いくつかのものに「共通する特徴」であり、それらを1群に「まとめる特徴」でもある。ある領域の単語について、どのような特徴があ

るのか、いいかえれば、どのようなグループがみとめられるかという研究は、まだあまりされていない。…(宮島 (1966：172))

　区別し、まとめる「意味の特徴」を導くためには、Lyons (1995) が語彙の意味的構造を精確かつ体系的に記述する方法の一つとして挙げている成分分析 componential analysis の利用が考えられる。例えば、man、woman、boy、girl という各語の語彙的意味は、human、male/female、adult/non-adult という三種類の意味成分 sense-component から成り立つ、つまり、man の意味は human、male、adult という意味成分から、woman の意味は human、female、adult という意味成分から、boy の意味は human、male、non-adult という意味成分から、girl の意味は human、female、non-adult という意味成分から成り立つ、とされる (Lyons (1995：108))。これらの意味成分が宮島 (1966) による意味の特徴と同等であるとすると、human が四語全てをまとめる特徴、male が man と boy をまとめ、woman と girl から区別する特徴、female が woman と girl をまとめ、man と boy から区別する特徴、adult が man と woman をまとめ、boy と girl から区別する特徴、non-adult が boy と girl をまとめ、man と woman から区別する特徴である、ということになる。

　Lyons (1995) は成分分析のいくつかの問題点を挙げているが[*7]、ある語の適切な意味成分、つまり、意味の特徴を導くことができれば、その語の意味関係、意味体系中の位置を明らかにし、意味関係と相互依存関係にあるとされる言語外表示を具体的に明らかにすることが可能になる。では、どのようにして適切な意味成分、意味の特徴を導けばよいであろうか。

　実際の言語使用において観察できるのは結合関係である。宮島 (1966) は、語の語彙的意味と結合関係について、次のように述べている。

＊7　Lyons (1995) は、成分分析の別の方法として、語彙項目の全ての言語内意味の提示ではなく、他の語彙項目と共有する原型の prototypical 言語内意味の形式化 (116)、また、成分分析以外の方法として、交替的関係の一つである下位性 hyponymy に関しての、意味の前提 meaning-postulate の利用を挙げている (125-127)。

<u>意味にとっての形式とは、語形だけではない。ある単語がどのような種類の単語とむすびついてつかわれるか</u>ということも、やはりその単語の意味にとっては1つの形式であり、<u>その単語が意味体系内でしめる位置をあきらかにする手がかり</u>としてはたらく。これも現実そのものの研究から直接には出てこない。（宮島（1966：166）、下線引用者）

　他の語との結合が、ある語の意味にとって一つの「形式」であり、それが「意味体系」内の「位置」を明らかにする手掛かりになるとすれば、他の語との結合関係に基づいて、ある語の語彙的意味の特徴を規定し、語彙体系を明らかにすることができるのではないだろうか。
　第1部では、結合関係に現れる移動動詞の語彙的意味（以下、語義）の特徴を探る。第2部では、そのような語義の特徴から、いくつかの移動動詞の語義の記述、移動動詞の語彙体系の記述を試みる。第3部では、結合関係には現れにくい移動動詞の語義の特徴を、他の文法形式に基づいて導くことを試みる。

第1部

名詞と移動動詞の結合

　初めに、移動動詞に関する先行研究から、名詞との結合関係をその動詞の語義の分析に応用する方法を探ってみる。
　現代日本語の移動動詞の語義の研究の一つとして、宮島（1972：203-211）による動詞の四分類を挙げることができる。そこでは、「移動の段階」によって、現代日本語の移動動詞が四つのグループに分類されている。

　　①出発の段階に重点があるもの。「でかける」「出発する」の類
　　②経過の　〃　　　〃　　　　「むかう」「とおる」の類
　　③到着の　〃　　　〃　　　　「つく」「とどく」の類
　　③部の段階をふくむもの。　　「いく」「はいる」の類

宮島（1972）がこの分類の根拠としているのは、以下の三種類の文法現象である。

　　a）「〜ている」の形において、主として動作の進行を表すか、結果をあらわすか。
　　b）「〜ていく（くる）」の形があるかどうか。
　　c）経過点をあらわす目的語「〜を」をとるかどうか。

　現実の空間移動は、始められ、行われ、終わる。ある移動動詞が、始めから終わりに至る空間移動のうちのどの段階を表しているかを規定することができれば、その移動動詞の語義の本質的な特徴の一つを明らかにしたことに

なるであろう。
　上掲の宮島（1972）による三種類の分類基準の中で、特に注目できるのは、c「経過点をあらわす目的語「～を」をとるかどうか」である。序に引用したように、宮島（1966）は、ある語と他の語の結合関係を、その語の「意味体系」における「位置をあきらかにする手がかり」となる「形式」の一つとしている。
　特定の格形式の名詞との結合は、ある動詞が特定の語義において用いられることと対応し合う文法現象である。例えば、奥田（1979）は以下のように述べている。

　　　…意味的なむすびつきのなかで《動作》が中心にあるのは、意味的なカテゴリーとしての動作は出来事のもっとも抽象的な表現であるからである。したがって、<u>動詞を名詞でひろげることによって、文の名づけ的な意味は成立する。</u>…（奥田（1979：161）、下線引用者）

　ある移動動詞が名詞＋**を**のような特定の格形式の名詞との結合において用いられることは、「意味体系」における「位置をあきらかにする」ための最も確実な「手がかり」の一つになりうる。宮島（1972）の四分類では、「経過点をあらわす目的語「～を」をとるかどうか」によって「経過の段階に重点があるもの」と「全部の段階をふくむもの」を合わせた動詞のグループが選び出され、「～ている」が「動作の進行をあらわすか」それとも「結果をあらわすか」によって「経過の段階に重点があるもの」と「全部の段階をふくむもの」に分けられている。この二つのグループの動詞は、「経過点」を表す名詞＋**を**との結合において用いられ、「結果」を含まない動詞、含む動詞である。
　一方、「～ている」が「進行」中の移動を表すか、移動の「結果」を表すか、という基準 a に関して宮島（1972：209）が挙げているのは、「進行中」の移動を表す「急ぎ足で<u>坂を登つてゐるとき、</u>」、移動の「結果」を表す「何だつてそんな<u>ところに登つてゐるんだ。</u>…」という**のぼる**の例である（太字原著、下線引用者）。ここでは、どの格形式の名詞との結合関係において用いられて

いるかが「〜ている」という形の意味と対応している。さらに、「全部の段階をふくむもの」に関して、「〜ている」という形が移動の「結果」を表すとして挙げられている例は、いずれも名詞＋**を**との結合において用いられていない。

　　…つぎのような動詞のばあいは、ほとんどつねに結果（すなわち目的地への到着）をあらわす。
　　○庵原はま江が**行つて**ゐる海岸のサナトリウムでさへ
　　○郊外に館の世話で一軒借りて**移つて**いる。
　　○それにしても最早（もう）宿屋の方に**帰つて**居る時刻。行つて逢はう。
　　○反対々々と歩いて田原町までくると元に**戻って**いる。
　　○ジョバンニの**乗つて**ゐる小さな列車が
　　「くる」も当然これらと同類で、ふつうはつぎのように結果をあらわす。
　　○節子は、私の**来て**ゐることはもうとうに知つてゐたらしいが、
　…（宮島（1972：210）、太字原著）

　これらの事実から、移動動詞の「〜ている」という形が「進行中」の移動を表すか、移動の「結果」を表すかは、名詞＋**を**等、特定の格形式の名詞との結合関係によって決定されるということができる。
　また、基準ｂの「動作の進行をあらわす形」とされる「「〜ていく（くる）」の形」は、基本的には話し手・書き手と動作の場所との関係とを表す形式であり、さらに、代表的な移動動詞**いく**、**くる**には「意味上の特殊性」（宮島（1972：209））からこの形がないということもあって、移動動詞の語義の分類基準として用いるためにはさらなる検討が必要であろう。
　では、名詞＋**を**以外の格形式の名詞と移動動詞の結合関係は、その動詞の語義分析の基準として用いることができるであろうか。宮島（1972）は以下のように述べている。

名詞＋格助詞の形の目的語で移動に関係あるものとしては、「～を」（経過点）のほかに「～から」（出発点）、「～に」（到着点）などがある。しかしこれらはすべての移動動詞につくのであって、傾向としてこの類の動詞は「～に」を、この類は「～から」をとりやすい、といったこと以上には、移動動詞の内部を細分する基準にはならない。（宮島（1972：205））

　名詞＋**を**以外の格形式は、「意味体系」における「位置をあきらかにする手がかり」にならないのであろうか。特定の格形式の名詞と移動動詞の結合関係を改めて見ていくことにする[*8]。
　なお、以下に引用した結合の例には、〇〇の〇〇のような通常「名詞句」と呼ばれるものが含まれている場合があるが、本書では全体を一つの命名単位ととらえて、名詞と区別せずに扱う。

　＊8　本書では、「格助詞」そのものが「意味」を持つという考え方はとらず、「格助詞」をともなう名詞を「名詞の文法形式」ととらえる。詳細は奥田（1972）他参照。

第1章

移動動詞と結合する特定の格形式の名詞

　移動動詞と結合している特定の格形式の名詞は、何を表しているであろうか。名詞と移動動詞の結合によって移動のどの部分が示されているかを考慮しながら、「経過点」つまり移動が行われる場所を表す名詞＋をを含めて検討する。

1. 移動動詞との結合における名詞
　特定の格形式の名詞と移動動詞の結合の例から、その名詞が何を表しているかを見ていく。

　　［1］わたしたちは**函館から　小樽まで**船で**来た**んですけれど、わたしは船に弱くて酔いましてねえ。(『塩狩峠』231)
　　［2］郡司薫は、黒人たちが集る<u>海岸通り</u>を、<u>端</u>から　<u>端</u>まで、**歩いた**。(『雲の宴（下）』30)

　［1］では、**函館から　小樽まで　くる**によって、**函館**において始められ、**小樽**において終わる移動が示されている。**函館から**は移動が始められる場所を、**小樽まで**は移動が終わる場所を表している。
　［2］では、**海岸通りを　端から　端まで　あるく**によって、**海岸通り**において行われ、その一方の**端**において始められてもう一方の**端**において終わる移動が示されている。**海岸通りを**は移動が行われる場所を、**端から**は移動が始められる場所を、**端まで**は移動が終わる場所を表している。
　［1］**函館から　小樽まで　くる**、［2］**海岸通りを　端から　端まで　あるくど**

ちらにおいても、名詞+からが移動が始められる場所を、名詞+までが移動が終わる場所を表している。

以上［１］［２］では、複数の名詞と一つの動詞の結合が用いられていた。次の［３］では、一つの名詞と一つの動詞の結合が二種類用いられている。

　　［３］郡司は、食堂から出て、トルコの海峡管制官が下りていったハッチまで行き、そこで立ちどまった。(『雲の宴(上)』419)

［３］では、食堂から でるによって食堂において始められる移動が、ハッチまで いくによってハッチにおいて終わる移動が示されている。食堂からは移動が始められる場所を、ハッチまでは移動が終わる場所を表している。食堂から でる、ハッチまで いくという二つの結合によって移動が始められることと移動が終わることが表し分けられている点は、複数の名詞と一つの動詞との結合によって移動の始まりから終わりまでが表されている［１］［２］と異なるが、名詞+からが移動が始められる場所を、名詞+までが移動が終わる場所を表している点は、［１］-［３］全てに共通である。

次の［４］-［６］でも、一つの名詞と一つの動詞の結合二つによって、移動の二つの部分が表し分けられている。

　　［４］洋服を着かえ、部屋を出てロビーにおりるとすでに府中や英子や出迎えに来てくれた男が立っていた。(『悪霊の午後(上)』107)
　　［５］照美も小さい頃はよくこの穴を通って庭へ遊びに行った。(『裏庭』6)
　　［６］苔の生えたすべりやすい地面を行くと、やがて塀の際に着いた。
　　　　(『異人たちの館』204)

［４］では、部屋を でるによって部屋において始められる移動が、ロビーに おりるによってロビーにおいて終わる移動が示されている。部屋を でるとロビーに おりるによって、移動が始められることと、移動が終わることが表し分けられている。部屋をは移動が始められる場所を、ロビーには移動

が終わる場所を表している。

　［5］では、**穴を とおる**によって**穴**において行われる移動が、**庭へ いく**によって**庭**において終わる移動が示されている。**穴を とおる**と**庭へ いく**によって、移動が行われることと、移動が終わることが表し分けられている。**穴を**は移動が行われる場所を、**庭へ**は移動が終わる場所を表している。

　［6］では、**地面を いく**によって**地面**において行われる移動が、**塀の際につく**によって**塀の際**において終わる移動が示されている。**地面を いく**と**塀の際に つく**によって、移動が行われることと、移動が終わることが表し分けられている。**地面を**は移動が行われる場所を、**塀の際に**は移動が終わる場所を表している。

　名詞＋**を**は、［4］**部屋を**のように移動が始められる場所を表す場合と、［2］**海岸通りを**、［5］**穴を**、［6］**地面を**のように移動が行われる場所を表す場合がある。

　移動が終わる場所を表すのは、［4］**ロビーに**、［6］**塀の際に**のように名詞＋**に**である場合と、［5］**庭へ**のように名詞＋**へ**である場合がある。

　次の［7］［8］でも、名詞＋**に**、名詞＋**へ**が用いられている。

　　［7］新幹線とフェリーに乗って島に着いたぼくたちは、バスで<u>宿に</u>向かった。(『夏の庭』170)
　　［8］生徒たちが一斉に席を立ち、絵筆やパレットを洗うために隅の<u>流し台へ</u>向かった。(『幻世の祈り』88)

　［7］では、**宿にむかう**によって**宿**を目指す移動が、［8］では、**流し台へ向う**によって**流し台**を目指す移動が示されている。［7］**宿に**、［8］**流し台へ**は移動において目指す場所を表しているが、これらは移動が終わる場所を表す［4］**ロビーに**、［6］**塀の際に**、［5］**庭へ**と同等であろうか。宮島(1972)は、**むかう**、**ちかづく**のような「経過の段階に重点があるもの」の中の「方向性のつよいもの」と結合している名詞＋**に**、名詞＋**へ**について、以下のように述べている。

このグループに属する動詞は、「～へ（に）」という目的地をあらわす目的語をとることが多い。その点では、ほかの①③④群の動詞と差はないのだが、特徴は、これがつねに目的地であって到達点ではない、ということだ。つまり、「アメリカへむかった（むかっている）」というのは、日本からアメリカへの途中のどこかにいることであって、すでにアメリカにいることではない。この点で③④群や①群の「でかける」とはちがう。…（宮島（1972：207））

　[7]**宿に**、[8]**流し台へ**が表している「目的地」つまり移動において目指す場所は、「到達点」つまり実際に移動が終わる場所とは異なっており、[4]**ロビーに**、[6]**塀の際に**、[5]**庭へ**と区別することができる。
　以上の[1]-[8]では、移動動詞と結合している名詞は、移動の何らかの段階に直接関係する、特定の場所（空間中の一つの地点）を表していた。これに対して、次の[9]-[12]では、移動動詞と結合している名詞+に、名詞+へは、特定の場所（空間中の一つの地点）ではなく、移動が行われる方向を表している。

　　[9] くぐり戸を引いて<u>中に入る</u>と、ぷんと煮物の匂いがした。(『山妣(上)』43)
　　[10]「この奥を<u>芹生の里のほうに行って</u>ください」(『悪霊の午後（上）』80)
　　[11] 冴子は本を書架に戻すと、…敦子の腕をとるようにして<u>外へ出た</u>。
　　　　(『雲の宴（上）』65)
　　[12] 信夫は、
　　　　(<u>前へ進め</u>！　<u>前へ進め</u>！)
　　　　と、繰り返し、号令をかけながら、走っていた。(『塩狩峠』133)

　[9]では、**中にはいる**によって**中に**という方向において行われる移動が示されている。[10]では、**芹生の里のほうに いく**によって**芹生の里のほうに**という方向において行われる移動が示されている。芹生の里は移動が行わ

れる方向の基準になる場所である。[11] では、**外へ でる**によって**外へ**という方向において行われる移動が示されている。[12] では、**前へ すすむ**によって**前へ**という方向において行われる移動が示されている。

名詞 + に、名詞 + へが、移動が終わる場所あるいは移動において目指す場所を表しているか、移動が行われる方向を表しているかには、**ロビー、庭、塀の際、宿、流し台**のような特定の場所（空間中の一つの地点）を表す名詞が用いられているか、**中、…のほう、外、前**のような名詞が用いられているかという名詞の語彙的な違いが関与している。

以上の事実から、どの格形式の名詞が、どのような移動動詞との結合において、何を表しているかをまとめてみる。

【A】名詞 + から
　　［1］函館から 小樽まで くる、［2］海岸通りを 端から 端まで あるく、［3］食堂から でるにおいて、**移動が始められる場所**を表している。

【B】名詞 + を
　a）［4］部屋を でるにおいて、**移動が始められる場所**を表している。
　b）［2］海岸通りを 端から 端まで あるく、［5］穴を とおる、［6］地面を いく、［10］（この）奥を 芹生の里のほうに いくにおいて、**移動が行われる場所**を表している。

【C】名詞 + まで
　　［1］函館から 小樽まで くる、［2］海岸通りを 端から 端まで あるくにおいて、**移動が終わる場所**を表している。

【D】名詞 + に
　a）［4］ロビーに おりる、［6］塀の際に つくにおいて、**移動が終わる場所**を表している。
　b）［7］宿に むかうにおいて、**移動において目指す場所**を表している。

c)　［9］中に はいる、［10］（この）奥を 芹生の里のほうに いくにおいて、移動が行われる方向を表している。

【E】名詞＋へ
　　a)　［5］庭へ いくにおいて、移動が終わる場所を表している。
　　b)　［8］台所へ むかうにおいて、移動において目指す場所を表している。
　　c)　［11］外へでる、［12］前へ すすむにおいて、移動が行われる方向を表している。

　移動が終わる場所を表す［4］ロビーにはロビーへに、［6］塀の際には塀の際へに、移動において目指す場所を表す［7］宿には宿へに、移動が行われる方向を表す［9］中には中へ、［10］芹生の里のほうには芹生の里のほうへに置き換え可能である。また、移動が終わる場所を表す［5］庭へは庭にに、移動において目指す場所を表す［8］台所へは台所にに、移動が行われる方向を表す［11］外へは外にに、［12］前へは前にに置き換え可能である。このように、移動動詞との結合においては、名詞＋にと名詞＋へは相互に置き換え可能である。以下では、名詞＋にと名詞＋へを名詞＋に／へとしてまとめて扱う。

　以上を、何がどの格形式の名詞によって表されるか、という形でまとめなおすと、次のようになる。

【A/B-a】移動が始められる場所は、名詞＋から、あるいは、名詞＋をによって表される。
【B-b】移動が行われる場所は、名詞＋をによって表される。
【C/D-a/E-a】移動が終わる場所は、名詞＋まで、あるいは、名詞＋に／へによって表される。
【D-b/E-b】移動において目指す場所は、名詞＋に／へによって表される。
【D-c/E-c】移動が行われる方向は、名詞＋に／へによって表される。

2. 格形式に関する先行研究

　ここで、現代日本語の特定の格形式の名詞が文中において何を表すかについての先行研究を、移動動詞との結合に関係する範囲で見ておこう。それらは、動詞との結合関係について述べているものと、格形式自体について述べているものに分けることができる。

　特定の格形式の名詞と動詞との結合関係について、具体的で詳細な記述がなされているのは、奥田（1962）、同（1968-72）、渡辺（1963）、荒（1975）、同（1977）他の「連語論[*9]」である（言語学研究会編（1983）に所収）。その中から移動動詞に関係する部分を抜き出す。

　名詞＋をとの結合関係については、奥田（1968-72：140）が「うつりうごくところ」「とおりぬけるところ」「はなれるところ」という分類を行っている。

　また、名詞＋を以外の格形式の名詞と移動動詞の結合関係については、以下の記述がなされている。奥田（1962：291）は、「方向性をもった移動動詞」と「に格の名詞」のくみあわせによって「ゆくさきのむすびつきができる」としている。渡辺（1963：343）は、「方向性をもった移動動詞」と「へ格の名詞」のくみあわせによって「ゆくさきのむすびつきができる」としている。荒（1975：398-404）は、「から格の名詞」が「移動動作をしめす自動詞」とのくみあわせで「《出発点》あるいは《でどころ》」を、「移動動作を様態の側面からとらえる動詞」とのくみあわせで「《起点》あるいは《はじまり場所》」を表すとしている。荒（1977：456-461）は、「まで格の名詞」が「移動動作を形態という観点からとらえている動詞」とのくみあわせで「《終点》」を、「移動動作を方向性という観点からとらえている動詞」とのくみあわせで「移動の範囲」「移動のいきさき」を表すとしている。

　特定の格形式の名詞と動詞の結合関係については、以上の「連語論」の他にも、寺村（1982）、村木（1991）等の研究がある。移動動詞に関係する部分を抜き出す。

　寺村（1982：102-121）は、「移動の動詞」を「「特定化された」場所の表現と

＊9　自立語間の従属的な結合が「連語」と呼ばれている。言語学研究会編（1983）参照。

特に縁が深い」とし、「補語」が「仕手 (X) → X ガ、出どころ (Y) → Y ヲ／Y カラ」である「「出ル」動き」、「補語」が「仕手 (X) → X ガ、通りみち (Y) → Y ヲ、出どころ (V) → V カラ、到達点（あるいは目的地）(W) → W ヘ／W ニ」である「「通ル」動き」、「補語」が「仕手 (X) → X ガ、到達点 (Y) → Y ニ、出どころ (Z) → Z カラ」である「「入ル、着ク：泊マル」類」、「補語」が「仕手 (X) → X ガ、到達点（あるいは目的地）(Y) → Y ヘ／Y ニ、出どころ (Z) → Z カラ、通りみち (W) → W ヲ」である「行ク、来ル、帰ル、戻ル」というグループをたてている。

　村木（1991：147）は、「名詞と動詞とのあいだになりたつ関係概念」を「叙述素」と呼び、「空間的起点」［ガ／ヲ、カラ］（『弟が　部屋から　出る』など）「空間的着点」［ガ／ヲ、ニ］（『父が　会社に　行く』など）「方向」［ガ／ヲ、ヘ］（『妻が　市場に　通う』など）（引用者注：上記パターン中の「ヲ」は他動詞の直接対象）「空間」［ガ、ヲ］（『みんなが　坂道を　登る』など）という「叙述素」をたてている。

　以上の諸研究は、動詞の側から、名詞との結合について考察したものということができる。一方、格形式自体については、城田（1981）、川端（1986）等の研究がある。

　城田（1981）は、「助詞に後接される語（名詞）が示す事柄に、他の事柄（(中略)用言が示す動作・作用・状態・性質）が向けられている」という「指向性」、「助詞に後接される語（名詞）が示す事柄が、他の事柄に対して周辺に位する」という「周辺性」(「間接的」)、「用言の示す事柄は、(中略)体言の示す事柄の範囲（限界）内に存在するか、その範囲内に到達」しているという「範囲内性」、さらに「同列性」という四つの「意味上の特徴」を設定し、「ヲ」に「指向性」、「ヘ」に「指向性」と「周辺性」、「ニ」に「周辺性」と「範囲内性」、「カラ」に「指向性」と「範囲内性」、と「マデ」に「指向性」と「周辺性」と「範囲内性」をわりあてている。

　川端（1986）は、「場所格」として、「空間的な移動を含まぬことがらの成立する場所、一点として把握された場所」と、「空間的な移動をもつことがらの成立する場所、或る拡がりをもって把握された場所」という二種類を認め、「格助詞「ニ」によって指示される前者を静的場所格、格助詞ヲによっ

て指示される後者を動的場所格」としている。さらに、「静的場所格」は「到着点・帰着点の関係を分化し」、「それに応じて」、「出格」である「カラ・ヨリ」は「起点の意味をもつ」こと、「場所的な限定を意味するとしてよいマデ」は「帰着の場所格」の「もう一つの分化」であること、「カラとヲ」の「相関」が「ヲに」「離点の意味を分化させる」ことを論じている。

　また、前掲の村木（1991）も、格形式自体について、「構文のかなめとなり、主語や目的語の機能をはたす文法格」である「ガ、ヲ、ニ（与格）」、「広義の場所格」である「ニ（位格）、カラ、ヘ」、「抽象的な関係をあらわす関係格」である「ニ（依拠格）、ト、ヨリ」という分類を行っている（144-147）。

　さて、奥田（1968-72）他による「連語論」は、結合関係の個別の記述を中心としていて、個々の格形式の名詞と動詞の結合関係については詳細な記述がなされているが、格形式の相互関係については正面からとりあげられているわけではない。一方、城田（1981）は、格形式の相互関係の全体像を明らかにすることを目的としていて、個別の結合関係を直接の対象としているわけではない。また、川端（1986）は、「格は動詞に所属せず、動詞の述語実現において持たれるものという観点にたつ」として、「格の種類において動詞を分類しない」と述べている。

　第2章では、「連語論」の具体的な記述を参照しながら、移動動詞との結合における特定の格形式の名詞の意味[*10]を、格形式間の相互関係をも考慮に入れて検討する。序に引用したように、宮島（1966）によれば、「ある単語がどのような種類の単語とむすびついてつかわれるか」は語の「意味にとっての形式」であり、動詞との結合における特定の格形式の名詞の意味は、その動詞の語義の特徴を明らかにする具体的な手段になりうるからである。第3章では、特定の格形式の名詞の意味を手段として、結合相手である移動動詞の語義の特徴を導くことを試みる。

---

　*10　本書では、「格助詞」をともなう名詞を名詞の文法形式（注8参照）、その意味を名詞の文法的意味とする。なお、奥田（1979）では「構文論的な意味」という言い方がされている。

第2章

移動動詞との結合における名詞の意味

　第1章では、移動動詞との結合において用いられる特定の格形式の名詞として、

　　（1）**移動が始められる場所**を表す名詞＋**から**、名詞＋**を**
　　（2）**移動が行われる場所**を表す名詞＋**を**
　　（3）**移動が終わる場所**を表す名詞＋**まで**、名詞＋**に／へ**
　　（4）**移動において目指す場所**を表す名詞＋**に／へ**
　　（5）**移動が行われる方向**を表す名詞＋**に／へ**

以上を見た。異なる格形式の名詞が同じ意味で用いられる場合、複数の格形式の名詞が共起して一つの動詞と結合している場合を考慮に入れながら、これらの格形式の名詞の移動動詞との結合における意味をより詳細に検討する。

1. 移動が始められる場所を表す名詞
1.1 移動が始められる場所を表す名詞＋から

　初めに、名詞＋からが移動動詞との結合において用いられている場合を見る。名詞＋からは、［1］**函館から小樽までくる**、［2］**海岸通りを 端から 端まで あるく**、［3］**食堂からでる**いずれの結合においても、移動が始められる場所を表しており、くる、あるく、でるいずれの動詞と結合している場合にも、移動が始められる場所を表していた。また、名詞＋からは、［1］では移動が終わる場所を表す**小樽まで**と、［2］では移動が行われる場所を表す**海岸通りを**、移動が終わる場所を表す**端まで**と共起していた。この

事実から、名詞＋**から**は、どのような移動動詞との結合においても用いられ、移動動詞との結合においては常に移動が始められる場所を表し、他の格形式の名詞と自由に共起しうる、と推測することができる。本節では、名詞＋**から**がどのような移動動詞と結合しているか、どのような格形式の名詞と共起しているか、という二点に注目しながら、移動動詞との結合における名詞＋**から**を検討する。

なお、第1章で言及したように、荒（1975）は、「起点」と「出発点」を分けている。

> 移動動作をしめす自動詞（いく、くる、かえる、もどるのような）が、語彙的な意味に空間をしめすから格の名詞とくみあわさると、空間的なむすびつきをつくる。この空間的なむすびつきのなかではから格の名詞は《出発点》あるいは《でどころ》をあらわす。（荒（1975：398））

> さらに移動動作をしめす自動詞であっても、その移動動作を様態の側面からとらえている動詞がある。たとえば、**あるく、はう、はしる、かける**のような動詞。これらの動詞が空間をしめすから格の名詞とくみあわさるときには、このから格の名詞は《起点》あるいは《はじまり場所》をあらわす。（同（同：401））

> 《起点》と《出発点》とは一致することもあるが、かならずしも一致する必要はない。なぜなら、《出発点》は、移動動作が、その状態とはかかわりなく、そこから出発する場所をなしているが、《起点》は、移動動作の特定の状態がそこから開始する場所をなしている。（同（同：402））

いく、くるのような動詞によって移動全体が示される場合に名詞＋**から**が表すのが《出発点》、**あるく**のような動詞によって移動全体のうちの特定の方法による部分が示される場合に名詞＋**から**が表すのが《起点》ということになる。しかし、名詞＋**から**が各動詞によって示される移動の始めら

れる場所を表す点は共通している。ここでは、荒（1975）による《出発点》と《起点》を一括して、移動が始められる場所として扱う。
　[1]　函館から　小樽まで　くる、[2]　海岸通りを　端から　端まで　あるくでは、名詞＋からは移動が終わる場所を表す名詞＋までと共起して動詞と結合していた。次の[13]－[16]では、名詞＋からは、移動が終わる場所を表す名詞＋に／へと共起して動詞と結合している。

　　　[13]　通りからビルの地下におりた。（『閉鎖病棟』13）
　　　[14]　京の街から 山に 入った。（『悪霊の午後（上）』80）
　　　[15]　神戸から上海（シャンハイ）まで航路をとり、上海からは鉄道で西安（シイアン）へ行く。（『果実の中の龍』96）
　　　[16]　その家から 満州へ 渡った。（『幻世の祈り』83）

　[13]では、通りから（ビルの）地下におりるによって通りにおいて始められ、(ビルの)地下において終わる移動が、[14]では、（京の）街から 山に はいるによって（京の）街において始められ、山において終わる移動が、[15]では、上海から 西安へ いくによって上海において始められ、西安において終わる移動が、[16]では、（その）家から 満州へ わたるによって（その）家において始められ、満州において終わる移動が示されている。
　[3]　食堂から でるでは名詞＋からとの結合において用いられていたでるも、[13]おりる、[14]はいる、[15]いく、[16]わたるの場合と同様に、名詞＋から、名詞＋に／へと同時に結合しうる。

　　　[17]　食堂から 廊下に出ると、すぐ右手にハッチがある。（『雲の宴（上）』4）

　[17]では、食堂から 廊下にでる によって食堂において始められ、廊下において終わる移動が示されている。
　さて、次の[18]－[20]では、動詞は名詞＋からのみと結合し、名詞＋に／へとは結合していない。

[18] 信夫が、中学を出る年であった。**大阪から**、従兄の隆士が遊びに**来た**。(『塩狩峠』127)
[19] 信夫が<u>学校から</u><u>帰る</u>と、待子がとんできた。(『塩狩峠』113)
[20] 母が箪笥の抽出しを片手で押すと、抽出しは吸いつくように閉じてしまった。私は<u>踏み台から</u>すとん、と**降りた**。(『ポプラの秋』163)

以上の［18］-［20］では、移動が終わる場所は明示されていないが、［18］では**大阪から くる**によって**大阪**において始められ「東京」において終わる移動が、［19］では**学校から かえる**によって**学校**において始められ「信夫の家」において終わる移動が、［20］では**踏み台から おりる**によって**踏み台**において始められ「床」において終わる移動が示されていると理解することができる。［18］-［20］は、移動が終わる場所を表す名詞＋に／へと共起している［13］-［16］に準ずる用法である。

ここまでは、名詞＋からが移動が終わる場所を表す名詞＋に／へと共起して動詞と結合している例を中心に見てきた。次の［21］では、名詞＋からと共起している名詞＋に／へは、移動において目指す場所を表している。

[21]「自動車事故だそうですね」
「ええ、自分で運転していた車が谷に落ちたんです。京都の<u>鞍馬から</u> <u>周山街道に</u>**むかう**途中でです」(『悪霊の午後（上）』23)

［21］では、**鞍馬から 周山街道に むかう**によって**鞍馬**において始められ、**周山街道**を目指す移動が示されている。

また、次の［22］では、名詞＋からと共起している名詞＋に／へは、移動が行われる方向を表している。

[22] 山椒魚は悲しんだ。
彼は彼の棲家である<u>岩屋から</u> <u>外に</u>**出て**みようとしたのであるが、頭が出口につかえて外に出ることができなかったのである。今は

もはや、彼にとっては永遠の棲家である岩屋は、出入口のところ
　　　がそんなに狭かった。そして、ほの暗かった。(『山椒魚』8)

　[22]では、**岩屋から 外に でる**によって**岩屋**において始められ、**外**にという方向で行われる移動が示されている。
　今度は、名詞＋からが名詞＋をと共起して動詞と結合している例を見る。[2]**海岸通りを 端から 端まで あるく**では、名詞＋からは、移動が行われる場所を表す名詞＋を、移動が終わる場所を表す名詞＋までと共起していた。次の[23][24]では、名詞＋からは移動が行われる場所を表す名詞＋をのみと共起している。

　　　[23]学校に入るには、長い坂を登り、橋を渡って正面から入る方法と、
　　　<u>駅から一直線に国道の下の川べりを通り</u>、校庭の方からあまり使
　　　われていない崖下の細い階段を登っていく方法とがある。(『六番目
　　　の小夜子』292)
　　　[24]英子の車は見付の方へ向うと、途中で左折して<u>一ツ木通りから
　　　TBSのそばをぬけ</u>、閑静な住宅街に入る。(『悪霊の午後（上）』116)

　[23]では、**駅から 川べりを とおる**によって**駅**において始められ、**川べり**において行われる移動が、[24]では、**一ツ木通りから TBSのそばを ぬける**によって**一ツ木通り**において始められ、**TBSのそば**において行われる移動が示されている。
　以上の[23][24]では、名詞＋からと共起している名詞＋をは、移動が行われる場所を表していた。一方、次の[25]では、名詞＋からと共起している名詞＋をが表しているのは、移動が行われる場所ではない。

　　　[25]それで、バルバリーゴは、帰宅するのだったら使うのとは反対側
　　　の<u>出入口から、元首官邸を出た</u>のだった。(『レパントの海戦』17)

　[25]では、(反対側の)**出入口から 元首官邸を でる**によって**元首官邸**にお

いて始められる移動が示されているが、移動が始められる具体的な場所は(反対側の)出入口である。名詞＋からが移動が具体的に始められる場所を、名詞＋をが移動前の場所を表している。

　以上、移動が始められる場所を表す名詞＋からが様々な格形式の名詞と共起して移動動詞と結合している例を見てきた。これらの共起関係をまとめる。

〔ⅰ〕名詞＋からが移動が終わる場所を表す名詞＋までと共起している結合。
　　［1］函館から 小樽まで くる

〔ⅱ〕名詞＋からが移動が終わる場所を表す名詞＋に／へと共起している結合。
　　［13］通りから（ビルの）地下に おりる、［14］（京の）街から 山に はいる、［15］上海から 西安へ いく、［16］（その）家から 満州へ わたる
なお、次の例は、これらに準ずる用法である。
　　［18］大阪から くる、［19］学校から かえる、［20］踏み台から おりる

〔ⅲ〕名詞＋からが移動において目指す場所を表す名詞＋に／へと共起している結合。
　　［21］鞍馬から 周山街道に むかう

〔ⅳ〕名詞＋からが移動が行われる方向を表す名詞＋に／へと共起している結合。
　　［22］岩屋から 外に でる

〔ⅴ〕名詞＋からが移動が行われる場所を表す名詞＋を、移動が終わる場所を表す名詞＋までと共起している結合。
　　［2］海岸通りを 端から 端まで あるく

〔vi〕名詞＋からが移動が行われる場所を表す名詞＋をと共起している結合。
　［23］駅から 川べりを とおる、［24］一ツ木通りから TBS のそばを ぬける

〔vii〕名詞＋からが移動前の場所を表す名詞＋をと共起している結合。
　［25］(反対側の) 出入口から 元首官邸を でる

　以上の〔ⅰ〕-〔vii〕は、移動が始められる場所を表す名詞＋からが様々な格形式の名詞と共起して移動動詞と結合している場合であった。これに対して、［3］**食堂から でる**では、移動が始められる場所を表す**食堂から**のみがでると結合していた。次の［26］［27］でも、移動が始められる場所を表す名詞＋からのみが動詞と結合している。

　［26］信夫は、三堀峰吉が給料紛失の犯人であることに気づいたが、三堀という人間が、このまま職場から去るのは憐れに思われた。
　　　　(『塩狩峠』268)
　［27］涼之助は慌てて部屋の前から離れた。(『山妣（上）』35)

　［26］**職場から さる**では**職場**において、［27］**部屋の前から はなれる**では**部屋の前**において移動が始められる。このような移動が始められる場所を表す名詞＋からのみが移動動詞と結合している場合を〔viii〕とする。

〔viii〕名詞＋からのみと移動動詞の結合。
　［3］食堂から でる、［26］職場から さる、［27］部屋の前から はなれる

　以上に見るように、名詞＋からは、様々な移動動詞との結合において移動が始められる場所を表し、他の様々な格形式の名詞と共起しうる。名詞＋からは、どのような移動動詞との結合においても移動が始められる場所を表

す格形式である。
　さて、次の［28］では、名詞＋からが名詞＋にと共起しての**る**と結合している。

　　［28］**駅前から**バス**に乗り**、静かな住宅街の入口で降りた。（『幻世の祈り』37）

　［28］**駅前から バスに のる**では、**バス**（の中）への移動と、**駅前**において始められるそのバスによる移動が同時に示されている。名詞＋からは移動動詞との結合において移動が始められる場所を表すため、**駅前から**と結合することによって、**バスに のる**という結合全体がバスへの移動と、バスによる移動の始まりを表すようになっている、と考えることができる。

1.2　移動が始められる場所を表す名詞＋を

　次に、移動が始められる場所を表す名詞＋をが移動動詞と結合している場合を見る。第1章で言及したように、奥田（1968-72）では、このような結合は「はなれるところをあらわす連語」として位置付けられている。

　　はなれるところをあらわす連語は、**でる、たつ、さる、とおざかる、はなれる、しりぞく、ひきあげる**のような動詞からできていて、かざり名詞でしめされる場所からはなれていくことを表現している。したがって、を格の名詞のはたらきは、でどころのから格にきわめてちかい。
　　（奥田1968-72：144）

　以下では、名詞＋からとの置き換え可能性を考慮しながら、移動が始められる場所を表す名詞＋をと移動動詞の結合の例を見ていく。
　［3］**食堂から でる**では**食堂から**が移動が始められる場所を表していたのに対して、［4］**部屋を でる**では**部屋を**が移動が始められる場所を表していた。ある場所において始められる移動を表す場合、**でる**は名詞＋からとの結合においても、名詞＋をとの結合においても用いられる。［3］**食堂から**は**食堂を**に、［4］**部屋を**は**部屋から**に置き換え可能である。

でる同様、名詞＋からとの結合においても、名詞＋をとの結合においても移動が始められることを表す動詞として、第一に、**おりる**を見る。前掲の[20] **踏み台から おりる**では、**踏み台から**が移動が始められる場所を表していた。次の[29] **車から おりる**でも、**車から**が移動が始められる場所を表している。一方、[30] **タクシーを おりる**では、**タクシーを**が移動が始められる場所を表している。

　　[29] 走って出てみると、父が<u>車から</u>**降りる**ところだった。(『塩狩峠』32)
　　[30] 運転手も<u>タクシーを</u>**おりて**、彼の背後に立っていた。(『悪霊の午後（上）』84)

[20] **踏み台から**は**踏み台を**に、[29] **車から**は**車を**に置き換え可能である。また、[30] **タクシーを**は**タクシーから**に置き換え可能である。
　第二に、**さる**を見る。前掲の[26] **職場から さる**では、**職場から**が移動が始められる場所を表していた。一方、次の[31] **札幌を さる**では、**札幌を**が移動が始められる場所を表している。

　　[31] 自分が<u>札幌を</u>**去って**も、ふじ子はここにこうして、ただ寝ているより仕方がないのだと思うと、ただちに転勤を告げることはできなかった。(『塩狩峠』294)

[26] **職場から**は**職場を**に置き換え可能である。また、[31] **札幌を**は**札幌から**に置き換え可能である。
　第三に、**はなれる**を見る。前掲の[27] **部屋の前から はなれる**では、**部屋の前から**が移動が始められる場所を表していた。一方、次の[32] **札幌を はなれる**では、**札幌を**が移動が始められる場所を表している。

　　[32] 三堀の隣人になろうとして、三堀の真の友人になろうとして、ふじ子のいる<u>札幌を</u>**離れ**、この旭川までやって来た自分を信夫は思った。(『塩狩峠』303)

[27] 部屋の前からは部屋の前をに置き換え可能である。また、[32] 札幌をは札幌からに置き換え可能である。

1.3　名詞＋からと名詞＋をの違い

　本章1.1では移動が始められる場所を表す名詞＋からと移動動詞の結合を、1.2では移動が始められる場所を表す名詞＋をと移動動詞の結合を見た。名詞＋からは、どのような移動動詞との結合においても移動が始められる場所を表していた。一方、名詞＋をは、でる、さる、おりる、はなれるとの結合において移動が始められる場所を表しており、名詞＋からと名詞＋をは、移動が始められる場所を表すという点で、でる、さる、おりる、はなれるとの結合において置き換え可能であった。

　名詞＋からとでる、さる、おりる、はなれる以外の動詞の結合について見ると、[1] 函館から 小樽まで くるは函館を 小樽まで くるに、[18] 大阪から くるは大阪を くるに、[15] 上海から 西安へ いくは上海を 西安へ いくに、[16] 家から 満州へ わたるは家を 満州へ わたるに、[19] 学校から かえるは学校を かえるに、[21] 鞍馬から 周山街道に むかうは鞍馬を 周山街道に むかうに置き換えることはできない。くる、いく、わたる、かえる、むかうとの結合において移動が始められる場所を表すのは名詞＋からのみであって、名詞＋をはこれらの動詞との結合においては移動が始められる場所を表さない。

　一方、名詞＋をとでる、さる、おりる、はなれる以外の動詞の結合について見ると、[2] 海岸通りを 端から 端まで あるくは海岸通りから 端から 端まで あるくに、[5] 穴を とおるは穴から とおるに、[23] 駅から 川べりを とおるは駅から 川べりから とおるに、[6] 地面を いくは地面から いくに、[24] 一ツ木通りから TBSのそばを ぬけるは一ツ木通りから TBSのそばから ぬけるに置き換えることはできない。名詞＋をは、あるく、とおる、いく、ぬけるとの結合においては**移動が行われる場所を表す**（次節参照）。[2] 海岸通りを 端から 端まで あるく、[23] 駅から 川べりを とおる、[24] 一ツ木通りから TBSのそばを ぬけるでは、名詞＋からが名詞＋をと共起しており、移動が始められる場所と移動が行われる場所が表されている。

名詞＋をは、でる、さる、おりる、はなれるとの結合においては移動が始められる場所を表し、あるく、とおる、いく、ぬけるとの結合においては移動が行われる場所を表す。結合している動詞に応じてどのような場所を表すかが異なることから、名詞＋をはどのような移動動詞と結合するかによってその意味が決まる、つまり、結合している移動動詞が名詞＋をに、移動が始められる場所、移動が行われる場所、どちらかの意味を与える、ということができる。でる、さる、おりる、はなれるは名詞＋をに移動が始められる場所という意味を与える動詞であり、あるく、とおる、いく、ぬけるは名詞＋をに移動が行われる場所という意味を与える動詞である。
　では、名詞＋からが移動が始められる場所を表す場合と、名詞＋をが移動が始められる場所を表す場合には、どのような違いがあるだろうか。
　宮島（1972：564-565）は、移動が始められる場所を表す名詞＋からと名詞＋をの違いについて、次のように考察している。

　　…しいていうならば、「～から」は、「でてくる」の形と結びついていることでわかるように、経過に重点をおいた具体的な表現で、「～を」は結果に重点をおいた、より抽象的な表現であるといえるかもしれない。…
　　ただ１つ、わりにはっきりいえることは、場所としての性格がうすれて、方向的なニュアンスをおびた名詞については、「～を」よりも「～から」がつかわれる、ということである。…「海から」「山から」のようなばあいである。これらはひじょうに広くて、その限界がはっきりしない。はっきりわかるのは、こちらがわの限界線だけである。そのため、これらは、出発点としての地点・地域から、方向をあらわすものへと近づくのではないかと思われる。…（宮島（1972：564-565）、下線引用者）

　名詞＋からは、どのような移動動詞との結合においても、移動が始められる場所を表すため、海から、山からも移動動詞との結合において移動が始められる場所を表すようになっている、と解釈することができるが、ここでは、「経過」「方向」を手がかりに、名詞＋からと名詞＋をとの違いについ

て考察を試みる。

　まず、共に移動が始められる場所を表す名詞＋からと名詞＋をとが共起している［25］(反対側の) **出入口から　元首官邸を　でる**では、**元首官邸**において具体的に移動が始められる場所が (反対側の) **出入口**である。(反対側の) **出入口から**によって具体的に移動が始められる場所が表され、**元首官邸を**によって移動前の場所が表されている。

　次に、**でる**は、名詞＋**から**との結合においても、名詞＋**を**との結合においてもある場所において始められる移動を表す動詞であるが、［17］**食堂から　廊下に　でる**の**食堂から**を**食堂を**に置き換えて**食堂を　廊下に　でる**とすることはできないであろう。名詞＋**を**との結合が用いられる場合には、移動が始められることを表すがその後については問題にしないのに対し、名詞＋**から**が用いられる場合には、始められて以後の移動についても問題にするため、移動が終わる場所を表す名詞＋**に／へ**とも共起しうる、と解釈することができる。本章1.1では、名詞＋**から**が他の様々な格形式の名詞と共起することをみた。他の格形式の名詞が表すのは、移動が行われる場所、移動が終わる場所、移動において目指す場所といった、始められて以後の移動に関係する場所である。宮島 (1972) の「結果」とは、移動が始められることのみを問題にすること、「経過」とは、始められて以後の移動も問題にすることである、となる。

2. 移動が行われる場所を表す名詞
2.1 移動が行われる場所を表す名詞＋を

　宮島 (1972) の四分類では、「経過点をあらわす目的語「～を」をとるかどうか」に基づいて、**むかう、とおる**などの「経過の段階に重点がある」動詞と、**いく、はいる**などの「移動の全過程をあらわす」動詞を選び出していたが、この二つのグループの違いは、**している**形式が進行を表すか (「経過の段階に重点がある」動詞)、結果を表すか (「移動の全過程をあらわす」動詞) という基準によるので (第1部冒頭参照)、「経過点をあらわす目的語「～を」をとるかどうか」という基準からは、この二つのグループの動詞は、共通の語義の特徴を持つことになる。一方、奥田 (1968-72) は、移動が行われる場所を表

す名詞＋をと移動動詞の結合を「うつりうごくところをあらわす連語」と「とおりぬけるところをあらわす連語」に分けている。

うつりうごくところをあらわす連語では、かざり名詞のさしだす場所の範囲のなかで移動動作がおこなわれる。（奥田（1968-72：141））

…実際、**町をあるく、坂をのぼる、廊下をあるく、谷間をながれる**という連語において、を格の名詞と動詞とがつくりだす、むすびつきの性格は、たんに空間的でなく、対象的でもある。つまり、を格の名詞がしめす場所は、動作がなりたつために必要な対象でもある。この種の単語のくみあわせがつくりだすむすびつきの性格は、対象＝空間的なのである。それゆえに、このを格はで格にとりかえることはできない。…（同（同：143-144））

とおりぬけるところをあらわす連語は、とおる、わたる、こえる、ぬける、すぎる、へる、よこぎるのような動詞からできていて、ある空間を移動動作が通過することを表現している。しかし、たとえば、**橋をわたる、山をこえる、トンネルをぬける、道をよこぎる**、のような連語をみていると、を格の名詞でしめされる場所は、はるかに対象性がつよいといえるだろう。（同（同：144））

なお、「うつりうごくところをあらわす連語」を作る動詞として、

（A）**いく、くる、もどる、のぼる、あがる、おりる、くだる、まわる、まがる、すすむ、むかう**（以上、「移動動作を方向性という観点からとらえている」動詞）
（B）**あるく、はしる、はう、かける、およぐ、とぶ、すべる、つたう、たどる**（以上、「移動動作を様態という観点からとらえている」動詞）

が挙げられている。

奥田 (1968-72) による「うつりうごくところをあらわす連語」と「とおりぬけるところをあらわす連語」の区分は、名詞＋をと移動動詞の結合全体の意味に基づいている、と考えることができる。移動が行われる場所を表す名詞＋をと結合する動詞の文法現象に基づく下位分類の可能性については、第三部で検討する。

今までに見た例では、[２] **海岸通りを 端から 端まで あるく**の海岸通りを、[５] **穴を とおる**の穴を、[23] **駅から 川べりを とおる**の川べりを、[６] **地面を いく**の地面を、[24] **一ツ木通りから TBS のそばを ぬける**の TBS のそばをが移動が行われる場所を表していた。

[２] では、**海岸通りを**が移動が始められる場所を表す**端から**、移動が終わる場所を表す**端まで**と共起して**あるく**と結合、[23] では、**川べりを**が移動が始められる場所を表す**駅から**と共起して**とおる**と結合、[24] では、**TBS のそばを**が移動が始められる場所を表す**一ツ木通りから**と共起して**ぬける**と結合していたが、移動が行われる場所を表す名詞＋をは単独でも**あるく**、**とおる**、**ぬける**と結合する。

[33] 秋陽のまぶしい<u>札幌の町を</u>、信夫は急ぎ足で**歩いていた**。(『塩狩峠』259)

[34] 吉川の家には信夫の家のような門も庭もない。信夫の屋敷の三分の一もない三間ほどの二戸建ての家である。よしずでかこった出窓に植木鉢が並べられ、<u>窓のすぐそばを</u>人が**通る**。(『塩狩峠』61)

[35] 急いで<u>中央待ち合い室を</u>**抜け**、入り口のところに行くと、担架はもう、かつぎこまれたあとだった。(『夏の庭』43)

[33] では、**札幌の町を あるく**によって札幌の町において行われる移動が、[34] では、**窓の（すぐ）そばを とおる**によって窓の（すぐ）そばにおいて行われる移動が、[35] では、**中央待ち合い室を ぬける**によって中央待ち合い室において行われる移動が示されている。

[４] **部屋を でる**、[30] **タクシーを おりる**、[31] **札幌を さる**、[32] **札幌を はなれる**では、名詞＋をは、でる、さる、おりる、はなれるとの結合

において移動が始められる場所を表していた。上掲の例では、名詞＋**を**は、**あるく、とおる、いく、ぬける**との結合において移動が行われる場所を表している。本章1.3では、名詞＋**を**が移動が始められる場所を表すか、移動が行われる場所を表すかは、どのような移動動詞と結合するかによって決まる、つまり、結合している移動動詞によって、名詞＋**を**に移動が始められる場所、移動が行われる場所どちらかの意味が与えられる、と考察した。**あるく、とおる、いく、ぬける**は、結合している名詞＋**を**に移動が行われる場所という意味を与える動詞である。

　名詞＋**を**は、以下の結合においても移動が行われる場所を表している。

[36]　そのまままっすぐバーンズ屋敷へ向い、昨日動かした門を<u>くぐ</u>った。(『裏庭』44)

[37]　「<u>国境</u>を**越え**て、ギニアに入ったら、五十キロほどで、自動車道路は終る。あとは、村道を辿って、セネガル国境を走る」(『雲の宴（下）』19)

[38]　<u>赤羽、大宮</u>を**すぎ**て桑畑のどこまでもつづく関東平野を電車は走っていた。(『悪霊の午後（上）』185)

[39]　受付でいわれた通りに<u>廊下</u>を**すすむ**と、すぐ人の通りは減って、内科の受付に出た。(『丘の上の向日葵』285)

[40]　「トラックが集れば、ギニアビサオのまん中を、東へ通じる<u>自動車道路</u>を**走る**。二百五十キロでギニアの北端に出る」(『雲の宴（下）』19)

[41]　家々を見回すうちに記憶がよみがえり、<u>路地</u>をまたひとつ**曲が**って、古いアパートの前で止まった。(『幻世の祈り』14)

[42]　<u>机の列</u>を**回**って、彼女に近づいた。(『幻世の祈り』90)

[43]　…さっき来た<u>道</u>をまた**戻**った。(『悪霊の午後（下）』59)

[44]　「何だ、ふじ子。はずかしいのか」
　　　　吉川がいうと、ふじ子は、
　　　　「もう、はずかしくないわ」
　　　　と、無邪気（むじゃき）に<u>部屋の中</u>を**横切**って、お手玉を持ってき

た。(『塩狩峠』65)
[45] 色とりどりの傘をさした男女がまるで蟻の行列のように<u>横断歩道</u><u>を</u>わたり尾張町の方向にすすんでいく。(『悪霊の午後（上）』9)

　[36]では**門を くぐる**によって**門**において行われる移動が、[37]では**国境を こえる**によって**国境**において行われる移動が、[38]では**赤羽、大宮をすぎる**によって**赤羽、大宮**において行われる移動が、[39]では**廊下を すすむ**によって**廊下**において行われる移動が、[40]では**自動車道路を はしる**によって**自動車道路**において行われる移動が、[41]では**路地を まがる**によって**路地**において行われる移動が、[42]では**（机の）列を まわる**によって**（机の）列**において行われる移動が、[43]では**道を もどる**によって**道**において行われる移動が、[44]では**部屋の中を よこぎる**によって**部屋の中**において行われる移動が、[45]では**横断歩道を わたる**によって**横断歩道**において行われる移動が示されている。くぐる、こえる、すぎる、すすむ、はしる、まがる、まわる、もどる、よこぎる、わたるも、あるく、とおる、いく、ぬける同様、名詞＋をに移動が行われる場所という意味を与える動詞である。
　さらに、名詞＋をは、あがる、のぼる、おりる、くだるとの結合においても移動が行われる場所を表す。

[46] 返事がない。二階にもいそうもないが、気持ちのせくままに<u>階段</u><u>を</u>**あがった**。(『丘の上の向日葵』197)
[47] 容子が珍しくバテ気味で<u>階段</u>を**登っている**。(『六番目の小夜子』57)
[48] 二階の廊下でまた声をあげた。「すみませーん」
誰もいなかった。「これで管理人といえるかよ」と憎まれ口をききながら<u>階段</u>を**おりた**。(『丘の上の向日葵』197)
[49] 大通りから<u>坂</u>を**下って**木造家屋のごたごた並ぶ界隈に入ると、いつもなら「ごとごと・がたん」が聞えるのに、その日は妙に静まり返っていた。(『雲の宴（上）』169)

　[46]では**階段を あがる**によって**階段**において行われる移動が、[47]で

は**階段を のぼる**によって**階段**において行われる移動が、[48]では**階段を おりる**によって**階段**において行われる移動が、[49]では**坂を くだる**によって**坂**において行われる移動が示されている。**あがる、のぼる、おりる、くだる**もまた、名詞＋**を**に移動が行われる場所という意味を与える動詞である。

ところで、[30]**タクシーを おりる**では、**タクシーを**は移動が始められる場所を表していて、**タクシーから**に置き換え可能であった。これに対して、[48]**階段を おりる**では、**階段を**は移動が行われる場所を表していて、**階段から**に置き換え可能ではない。名詞＋**を**が**おりる**との結合において、移動が始められる場所を表すか、移動が行われる場所を表すかは、**タクシー**のような**乗物**を表す名詞であるか、**階段**のような**経路**になりうる場所を表す名詞であるか、という名詞の語彙的な種類によって決まる。

はいるもまた、移動が行われる場所を表す名詞＋**を**との結合において用いられうる動詞である。

[50] マンションの**玄関を**入って二人はエレベーターの前に立った。
　　（『悪霊の午後（上）』118）

[50] **玄関を はいる**が内外の境界から内部への移動を表していると解釈すれば、**玄関を**は移動が始められる場所を表すことになるが、境界の外部から内部への移動を表していると解釈すれば、**玄関を**は移動が行われる場所を表すことになる。

奥田（1968-72：145）は、「**はいる**という動詞も**を**格の名詞とくみあわさって、特殊な空間的なむすびつきをなしているが、かざり名詞が**門、戸、まど、うら口、路地**などにかぎられているし、個別的な現象であって、カテゴリーに一般化はできない。」とし、**門を はいる、路地を はいる**という結合を例として挙げているが、これらの結合も、[50]**玄関を はいる**同様、境界から内部への移動を表す、境界の外部から内部への移動を表す、という二通りの解釈が可能である。

さて、次の[51]では、名詞＋**から**が**はいる**と結合している。

[51] 学校に入るには、長い坂を登り、橋を渡って<u>正面</u>から**入る**方法と、駅から一直線に国道の下の川べりを通り、校庭の方からあまり使われていない崖下の細い階段を登っていく方法とがある。(『六番目の小夜子』292)

[51] **正面から はいる**では、正面において始められる移動が示されている。**正面から**は内外の境界であり、境界の中への移動が始められる場所である、ということができる。この点は、境界から内部への移動を表す、と解釈した場合の**玄関を はいる**と共通している。

2.2　移動が行われる場所を表す名詞＋をと他の格形式の名詞の共起

ここでは、移動が行われる場所を表す名詞＋をが他の格形式の名詞と共起して移動動詞と結合している例を見ていく。

移動が行われる場所を表す名詞＋をは、[22] **駅から 川べりを とおる**では駅から、[23] **一ツ木通りから TBSのそばを ぬける**では一ツ木通りからという移動が始められる場所を表す名詞＋からと共起していた。

次の例では、移動が行われる場所を表す名詞＋をが移動が終わる場所を表す名詞＋までと共起して**のぼる**と結合している。

[52] 馬見原は、研司を背負ったまま、狭い**階段を　四階まで**のぼった。
　　　(『幻世の祈り』60)

[52]では、**階段を　四階まで　のぼる**によって**階段**において行われ、**四階**において終わる移動が示されている。

また、[2] **海岸通りを 端から 端まで あるく**では、移動が行われる場所を表す名詞＋をが、移動が始められる場所を表す名詞＋から、移動が終わる場所を表す名詞＋までという二種類の格形式の名詞と共起して**あるく**と結合していた。

次に、移動が行われる場所を表す名詞＋をが、名詞＋に／へと共起して移動動詞と結合している例を見る。

[53] しかし笑子が送ると言って譲らなかったので、僕たちは散歩がてら、揃って夜道を 駅にむかった。(『きらきらひかる』64)

　[53] では、**夜道を 駅に むかう**によって**夜道**において行われ、**駅**を目指す移動が示されている。**駅に**は移動において目指す場所を表していて、**夜道を 駅に むかう**は実際に終わる移動を表しているわけではない。
　さて、移動が行われる場所を表す名詞＋をが名詞＋に／へと共起して移動動詞と結合している例として、[10]（この）**奥を 芹生の里のほうに いく**を見たが、この結合では、**奥**において**芹生の里のほう**にという方向で行われる移動が示されていた。以下の [54] [55] でも、移動が行われる場所を表す名詞＋をが、移動が行われる方向を表す名詞＋に／へと共起して移動動詞と結合している。

[54] ホテルのある方とは反対側に 駅舎を 抜けて、広い参道を歩いていく。(『まひるの月を追いかけて』66)
[55] 二つ先の駅に行く道はいくつかあったが、常識的には駅前に出て陸橋を渡り、大きな団地脇を 西に進むことになる。(『丘の上の向日葵』253)

　[54] **反対側に 駅舎を ぬける**では**駅舎**において**反対側に**という方向で行われる移動が、[55] **団地脇を 西に すすむ**では**団地脇**において**西に**という方向で行われる移動が示されている。
　移動が行われる場所を表す名詞＋をが名詞＋に／へと共起して移動動詞と結合している場合に名詞＋に／へが表しているのは、[53] のように移動において目指す場所、あるいは、[10] [54] [55] のように移動が行われる方向である。移動が行われる場所を表す名詞＋をと、移動が終わる場所を表す名詞＋に／へが共起することは通常ないと考えられる。これについては、本章3.3で移動が終わる場所を表す名詞＋に／へとの関係から考察を試みる。
　移動が行われる場所を表す名詞＋をが他の格形式の名詞と共起して移動動詞と結合している例をまとめる。

〔ⅰ〕名詞＋をが移動が始められる場所を表す名詞＋からと共起している結合。
　[23] 駅から 川べりを とおる、[24] 一ツ木通りから TBS のそばを ぬける

〔ⅱ〕名詞＋をが移動が終わる場所を表す名詞＋までと共起している結合。
　[52] 階段を 四階まで のぼる

　なお、〔ⅰ＋ⅱ〕として、名詞＋をが移動が始められる場所を表す名詞＋から、移動が終わる場所を表す名詞＋までと共起している結合がある。
　[2] 海岸通りを 端から 端まで あるく

〔ⅲ〕名詞＋をが移動において目指す場所を表す名詞＋に／へと共起している結合。
　[53] 夜道を 駅に むかう

〔ⅳ〕名詞＋をが移動が行われる方向を表す名詞＋に／へと共起している結合。
　[10] (この) 奥を 芹生の里のほうに いく、[54] 反対側に 駅舎を ぬける、[55] 団地脇を 西に すすむ

3. 移動が終わる場所を表す名詞
3.1 移動が終わる場所を表す名詞＋まで

　第1章でも言及したように、荒 (1977) は、移動動詞と結合している名詞＋までを「終点」と「移動の範囲／いきさき」に分けている。

　　歩く、走る、泳ぐのように移動動作を形態という観点からとらえている動詞と語彙的な意味に空間をしめすまで格の名詞とがくみあわさると、空間的なむすびつきをつくる。この空間的なむすびつきのなかでは、まで格の名詞は《終点》をあらわす。《終点》は、かざられ動詞がしめし

ている動作の終了の地点である。(荒（1977：456))

　行く、来るのような移動動作を方向性という観点からとらえている動詞とまで格の名詞とのくみあわせでは、移動の範囲のむすびつきをつくる。この移動の範囲のむすびつきは、移動動作の範囲ではなく移動の範囲であるという点で終点のむすびつきとはことなっている。
　この移動の範囲のむすびつきをつくるまで格の名詞と方向の移動動作とのくみあわせでは、いきさきのむすびつきをつくる場合もあって、分類を困難にしている。移動の範囲のむすびつきであるのか、いきさきのむすびつきであるのかは、今のところその連語がつかわれている文全体から判断がつく。…（同（同：456-457))

　あるくのような動詞によって移動全体のうちの特定の方法による部分が示される場合に名詞＋までが表すのが《終点》、**いく、くる**のような動詞によって移動全体が示される場合に名詞＋までが表すのが《移動の範囲／いきさき》ということになる。しかし、各動詞によって示される移動が終わる場所を名詞＋までが表す点は共通している。ここでは、荒（1977）による《終点》と《移動の範囲／いきさき》を一括して、移動が終わる場所として扱う。
　名詞＋までは、[１]函館から 小樽まで くる、[２]海岸通りを 端から 端まで あるく、[３]ハッチまで いくにおいて移動が終わる場所を表していた。名詞＋までは以下の[56]-[61]においても移動が終わる場所を表している。

[56] この天気の下、しかも夜になって、あとひとまたぎで埼玉県になるという葛飾区のこのあたりを訪ね、さらに千葉の西船橋まで帰るとなると、これは大仕事になる。（『火車』14)
[57] 駒田が口のなかで何やら文句を言ったようだったが、あえて聞こえないふりをして、少女の前まで進み、
「大丈夫？　どこか痛い」

第2章　移動動詞との結合における名詞の意味　　45

彼女と同じ目の高さになって訊ねた。(『幻世の祈り』18)

[58] それからもう一度道まで戻ると、木の枝で路傍の草地にめり込んだ車輪の跡を注意深くかくした。(『雲の宴（上）』310)

[59] 平生は滅多にこの部屋には人を入れなかったが、今日はわざわざロビーまでおりるのが面倒くさかった。(『悪霊の午後（上）』63)

[60] 「じゃ八階まで階段で登るわけ？」(『雲の宴（上）』16)

[61] 十時すぎに家のある駅におり、広場まで出て孝平は、暫く立ち止まった。(『丘の上の向日葵』50)

「56」では西船橋まで かえるによって西船橋において終わる移動が、[57]では少女の前まで すすむによって少女の前において終わる移動が、[58]では道まで もどるによって道において終わる移動が、[59]ではロビーまで おりるによってロビーにおいて終わる移動が、[60]では八階まで のぼるによって八階において終わる移動が、[61]では広場まで でるによって広場において終わる移動が示されている。名詞＋までは、移動動詞との結合においては移動が終わる場所を表す、ということができる。

次の［62］では、名詞＋までがのると結合している。

[62] ただ行き当たりばったりに電車に乗り、とにかくどこまでもどこまでも乗り、行き当たりばったりの駅で降りる。(『ポプラの秋』11)

[62]では、どこまでも どこまでも のるによって、電車（の中）への移動後の、電車による移動が示されている。これは、名詞＋までが移動動詞との結合においては移動が終わる場所を表すため、どこまでも どこまでもと結合することによって、のるが電車（の中）への移動後の電車による移動の終わりを表すようになっている、と考えることができる。

名詞＋までは、移動動詞との結合においては移動が終わる場所を表すが、どのような移動動詞とも結合するわけではない。例えば、つくは、[6]塀の際に つくで見たように、通常移動が終わる場所を表す名詞＋に／へとの結合において用いられる。しかし、次の［63］では、名詞＋までがつくと

結合している。

　　［63］市谷の裏町まで三十分ほどで着いた。(『雲の宴（上）』381)

　［63］では、裏町まで 三十分ほどで つくによって裏町において終わる移動が示されているが、三十分ほどでという移動の所要時間を明示する表現を伴っているために名詞＋までとの結合が可能になった、通常と異なる用法であると考えることができる。
　また、むかうは、［7］宿に むかう、［8］台所へ むかうで見たように、移動において目指す場所を表す名詞＋に／へとの結合において通常用いられるが、次の［64］では、名詞＋までがむかうと結合している。

　　［64］八月三十日の日曜日、秋と秋の父は、二人で沙世子の家まで謝罪
　　　　に向かった。(『六番目の小夜子』132)

　［64］家まで むかうは、「遠いところにある（沙世子の）家までわざわざ」ということを表している、と解釈することができる。
　以上見てきた、名詞＋までが他の格形式の名詞と共起して移動動詞と結合している例をまとめる。

〔ⅰ〕名詞＋までが移動が始められる場所を表す名詞＋からと共起している
　　結合。
　　［1］函館から 小樽まで くる

〔ⅱ〕名詞＋までが移動が行われる場所を表す名詞＋をと共起している結合。
　　［52］階段を 四階まで のぼる

　なお、〔ⅱ＋ⅰ〕として、名詞＋までが移動が行われる場所を表す名詞＋を、移動が始められる場所を表す名詞＋からと共起している結合がある。
　　［2］海岸通りを 端から 端まで あるく

第2章　移動動詞との結合における名詞の意味　　47

3.2 移動が終わる場所を表す名詞＋に／へ

ここでは、移動が終わる場所を表すもう一つの格形式、名詞＋に／へを見る。第1章で言及したように、奥田（1962）、渡辺（1963）は、名詞＋に／へが表す移動が終わる場所を「ゆくさき」としている。

> 方向性をもった移動動詞が、に格の名詞とくみあわさると、そこにはゆくさきのむすびつきができる。かざりになる名詞は、空間的なニュアンスをもった具体名詞であって、動詞との関係においてゆくさきをしめしている。（奥田（1962：291））

> いく、かえる、かよう、あつまる、うつるなどの方向性をもった移動動詞が空間的なニュアンスをもった、へ格の名詞とくみあわさると、ゆくさきのむすびつきができる。（渡辺（1963：343））

［4］**ロビーに おりる**のロビーに、［5］**庭へ いく**の庭へ、［6］**塀の際に つく**の塀の際には移動が終わる場所を表していた。しかし、［7］**宿にむかう**、［8］**流し台へ むかう**に見るように、名詞＋に／へは、むかうとの結合においては移動において目指す場所を表している（第1章の宮島（1972：207）からの引用参照）。名詞＋に／へが移動が終わる場所を表すか、移動において目指す場所を表すかは、どの移動動詞との結合において用いられるかによって決まる、つまり、結合している移動動詞が名詞＋に／へにどちらかの意味を与える、ということができる。

名詞＋に／へは、以下の結合においても移動が終わる場所を表している。

［65］「永野、北海道**に来て**君は感傷的になっているんだ」（『塩狩峠』245）

［66］就職したばかりで、二、三年で東京**に帰る**とは言いかねた。（『塩狩峠』238）

［67］食事が終わると、女たちは茶の間**に移った**。（『塩狩峠』228）

［68］馬見原は、無造作に靴を脱いで上がり、居間**へ進んだ**。（『幻世の祈り』84）

[69] …汗まみれになって家に戻った。(『海と毒薬』14)

[70] 菊地はエレベーターにのって、教えられた階でおりた。(『悪霊の午後（上）』172)

[71] 翌朝、信夫は三堀峰吉の家を訪ねた。峰吉は眠い目をこすりながら、ふきげんな顔で起きてきた。しかし信夫はかまわずに、自分から進んで茶の間に上がり、峰吉とその母を前に言葉を切った。(『塩狩峠』277)

[72] 冴子は人気のない超高層ビルの最上階に登ると、深夜営業の喫茶店に入り、窓際の席に坐った。(『雲の宴（上）』394)

[73] 全員は、いわれたとおり机の中に給料を入れた。そして、和倉一人が部屋に残り、全員は廊下に出た。(『塩狩峠』267)

[74] 彼は大事そうに封筒を抱えて家に入った。(『六番目の小夜子』124)

　[65]では北海道に くるによって北海道において終わる移動が、[66]では東京に かえるによって東京において終わる移動が、[67]では茶の間に うつるによって茶の間において終わる移動が、[68]では居間へ すすむによって居間において終わる移動が、[69]では家に もどるによって家において終わる移動が、[70]ではエレベーターに のるによってエレベーターにおいて終わる移動が、[71]では茶の間に あがるによって茶の間において終わる移動が、[72]では最上階に のぼるによって最上階において終わる移動が、[73]では廊下に でるによって廊下において終わる移動が、[74]では家にはいるによって家において終わる移動が示されている。名詞＋に／へは、くる、かえる、うつる、すすむ、もどる、のる、あがる、のぼる、でる、はいるとの結合においても、おりる、いく、つくとの結合において同様、移動が終わる場所を表す。おりる、いく、つく、くる、かえる、うつる、すすむ、もどる、のる、あがる、のぼる、でる、はいるは、名詞＋に／へに移動が終わる場所という意味を与える動詞である。

　なお、本章1.1にまとめたように、[13] 通りから ビルの地下に おりる、[14]（京の）街から 山に はいる、[15] 上海から 西安へ いく、[16]（その）家から 満州へ わたる、[17] 食堂から 廊下に でるでは、移動が終わる場所

を表す名詞＋に／へが移動が始められる場所を表す名詞＋からと共起して動詞と結合している。

3.3　名詞＋までと名詞＋に／への違い

　本章3.1で見たように、名詞＋までは、**あるく、いく、くる、かえる、おりる、のぼる、でる**との結合において移動が終わる場所を表していた。一方、3.2で見たように、名詞＋に／へは、**おりる、いく、つく、くる、かえる、うつる、すすむ、もどる、のる、あがる、のぼる、でる、はいる**との結合において移動が終わる場所を表していた。移動が終わることを表す場合に、名詞＋まで、名詞＋に／へどちらの格形式の名詞との結合が用いられるかによって、移動動詞を三種類に分けることができる。

【A】名詞＋までとの結合において移動が終わることを表す動詞。[２]**海岸通りを 端から 端まで あるく**のあるくを挙げることができる。
　名詞＋に／へとあるくとの結合の例が全くないわけではない。

　　　[75]「座って」
　　　　「ああ。そっちにいるなら、そっちに行こう」
　　　　居間のソファではなく、台所に近い食卓の<u>椅子に</u>孝平は<u>歩いた</u>。
　　　（『丘の上の向日葵』209）

　[75]では、**椅子に あるく**によって**椅子**において終わる移動が示されているが、このような用法は、変則的なものであろう。たとえば、宮島（1984：56-57）は、**あるくをはしる、およぐ、とぶ**とともに「移動法をあらわす運動の動詞」とし、「**駅へ あるいた。**」等の文をつくることが「まったくできないとはいえないとしても、きわめてむずかしい」としている。移動が終わることを表す場合、名詞＋までと**あるく**の結合が用いられるが通常の用法であろう。
　名詞＋までは、単独でも**あるく**との結合において用いられる。

[76] 馬見原は、顔を戻し、振り返ることなく駅まで歩いた。(『幻世の祈り』79-80)

[76] では、駅まで あるくによって駅において終わる移動が示されている。

【B】名詞＋に／へとの結合において移動が終わることを表す動詞。[6] 塀の際に つくのつく、[67] 茶の間に うつるのうつる、[70] エレベーターに のるのる、[71] 茶の間に あがるのあがる、[74] 家に はいるのはいるを挙げることができる。

名詞＋までとつくとの結合については [63] 裏町まで 三十分ほどで つくで考察を試みたが、うつる、のる、はいるもまた、茶の間まで うつる、エレベーターまで のる、茶の間まで あがる、家まで はいるのような、名詞＋までとの結合において用いられることは通常ないであろう。

【C】名詞＋まで、名詞＋に／へどちらとの結合においても移動が終わることを表す動詞。[3] ハッチまで いく、[5] 庭へ いくのいく、[1] 函館から 小樽まで くる、[65] 北海道に くるのくる、[56] 西船橋まで かえる、[66] 東京に かえるのかえる、[57] 少女の前まで すすむ、[68] 居間へ すすむのすすむ、[58] 道まで もどる、[69] 家に もどるのもどる、[59] ロビーまで おりる、[4] ロビーに おりるのおりる、[60] 八階まで のぼる、[72] 最上階に のぼるののぼる、[61] 広場まで でる、[73] 廊下に でるのでるを挙げることができる。

ただし、[73] 廊下に でるは廊下まで でるに置き換え不可能であろう。では、名詞＋までとの結合によって移動が終わることが表される場合と、名詞＋に／へとの結合によって移動が終わることが表される場合には、どのような違いがあるだろうか。次の二つの例を比べてみる。

[77] でも、どこまで行っても水平線にたどりつくことなんか、できっこないのだ。(『夏の庭』170)
[78] どこにいっても、体臭に似た、すっぱいような臭いが漂っていた。

(『雲の宴(下)』31)

[77]では、どこまで いってもが、一回の移動が行われているうちのどの部分において移動が終わっても、ということを表しているのに対し、[78]では、どこに いってもが、複数の各移動がどの場所において終わっても、ということを表している。この事実から、名詞＋までとの結合によって移動が終わることが表される場合には、終わりに至る移動を過程的にとらえて表しているのに対し、名詞＋に／へとの結合によって移動が終わることが表される場合には、移動の過程を問題にせずに移動の終わりを表している、ということができる。

名詞＋までと移動動詞の結合によって移動が終わることが表される場合に終わりに至る移動が過程的にとらえられていることは、次の例にも現れている。

[79] 赤煉瓦で有名な興農社の所までくると、何か大声が聞こえた。みると、一人の男が外套も着ないで、大声で叫んでいる。(『塩狩峠』269)

[79]では、**興農所のところまで くると**によって移動が**興農所のところ**で**大声**によって中断されることが示されている。移動はこの中断によって終わる。

なお、移動が終わる場所を表す名詞＋に／へとの結合において用いられている場合、移動全体をひとまとまりのものとしてとらえているのか、それとも移動全体から終わりの部分を抜き出しているのかについては、第三部で改めて検討する。

さて、本章3.1にまとめたように、名詞＋までは、移動が始められる場所を表す名詞＋から、あるいは、移動が行われる場所を表す名詞＋をと共起して移動動詞と結合しうる。ここでは、名詞＋までと移動動詞の結合が用いられる場合には、終わりに至る移動が過程的に表される、と考察した。名詞＋からと移動動詞の結合では、始められて以後の移動も問題になるため、

52

[1] 函館から 小樽まで くるのように名詞＋からと名詞＋までが共起して移動動詞と結合している場合には、名詞＋からによって示される場所で始められ、名詞＋までによって示される場所に至って終わる移動が過程的に表される。また、[52] 階段を 四階まで のぼるのように、名詞＋をと名詞＋までが共起している場合には、名詞＋をによる場所で行われる移動が、名詞＋までによる場所に至って終わることが過程的に表される。[2] 海岸通りを 端から 端まで あるくのように、名詞＋を、名詞＋から、名詞＋までが共起している場合には、名詞＋をによる場所で行われる移動が、名詞＋からによる場所で始められた後、名詞＋までによる場所で終わることが過程的に表される。

一方、3.2で見たように、移動が終わる場所を表す名詞＋に／へは、移動が始められる場所を表す名詞＋からと共起して移動動詞と結合しうる。しかし、1.2で見たように、名詞＋からとの結合においても、名詞＋をとの結合においても移動が始まることを表すでるについて、[17] 食堂から 廊下に でるを食堂を 廊下に でるに置き換えることはできない。移動が始められる場所を表す名詞＋をは、移動が終わる場所を表す名詞＋に／へと共起して移動動詞と結合することはない。また、[52] 階段を 四階まで のぼるに見るように、移動が行われる場所を表す名詞＋をと共起して移動が終わる場所を表すのは、名詞＋までであって、名詞＋に／へではない。移動が行われる場所を表す名詞＋をと、移動が終わる場所を表す名詞＋に／へが共起して移動動詞と結合することは通常ないであろう。移動が行われる場所を表す名詞＋をと共起して移動動詞と結合するのは、[53] 夜道を 駅に むかうの駅にのような移動において目指す場所を表す名詞＋に／へ、[10] 奥を 芹生の里のほうに いくの芹生の里のほうに、[54] 反対側に 駅舎を ぬけるの反対側に、[55] 団地脇を 西に すすむの西にのような移動が行われる方向を表す名詞＋に／へである。

ここでは、名詞＋に／へと移動動詞の結合は移動の過程を問題にせずに移動が終わることを表す、と考察した。始まりとその後の移動を表す場合に用いられる名詞＋からは、移動の過程を問題にしない場合に用いられる名詞＋に／へとも共起するが、移動の始まりのみを表す場合に用いられる名

詞＋をは、名詞＋に／へと共起しない、また、移動が行われる場所を表す名詞＋をもまた、移動の過程を問題にしない場合に用いられる名詞＋に／へと共起しない、ということができる。

4. 移動において目指す場所を表す名詞

　これまで見てきたように、名詞＋に／へは、おりる、いく、つく、くる、かえる、うつる、すすむ、もどる、のる、あがる、のぼる、でる、はいるとの結合においては移動が終わる場所を表していたのに対し、[7]宿に むかうの宿に、[8]流し台へ むかうの流し台へに見るように、むかうとの結合においては移動において目指す場所を表していた。名詞＋に／へが移動が終わる場所を表すか、移動において目指す場所を表すかは、どの移動動詞と結合しているかによって決まる、つまり、結合している動詞によって、名詞＋に／へにどちらかの意味が与えられる、と考察した。**むかう**は、結合相手の名詞＋に／へに移動において目指す場所という意味を与える動詞である。**おもむく、ちかづく**もまた、名詞＋に／へに移動において目指す場所という意味を与える動詞である。

　　[80] 夕方になると菊地はそそくさと会社を出て<u>赤坂に</u>**おもむいた**。
　　　　（『悪霊の午後（上）』223）
　　[81] 一時間後、列車が<u>新宿駅に</u>**近づいた**。（『幻世の祈り』57）

[80]では、**赤坂に おもむく**によって**赤坂**を目指す移動が、[81]では、**新宿駅に ちかづく**によって**新宿駅**を目指す移動が示されている。
　次の[82]はどうであろうか。

　　[82] 京都のビジネスホテルに投宿した菊地は仕事関係の用事をすますとその日の夕暮、<u>南条の事故があった場所に</u>**出かける**ことにした。
　　　　（『悪霊の午後（上）』79）

　宮島（1972）は、**でかける**を次のように規定している。

かれは今工場へでかけています。

　というばあいに、「かれ」は工場への途上にあってもいいし、工場についていてもいい。時によっては工場からの帰り道にあるばあいさえ、あるだろう。そして、これらのちがいは、まったくその場面場面によるものであって、「でかける」が多義的だということではない。ということは、「でかける」にとって大事なことは、これらすべてのばあいに共通した、〈最初の場所における不在〉という事実だということである。出発の段階に重点があるといっても、大切なのは出発の動作そのものではない。その動作の結果として、ここにいなくなることである。(宮島（1972：205-206）)

　名詞＋に／へは、**でかける**との結合においては、移動において目指す場所を表す場合も、移動が終わる場所を表す場合もある、ということになる。その点では、**いく、くる**と**むかう**両方と共通の面を持つ動詞ということもできるが、必ずしも移動が終わることを表す必要はなく、確実であるのは、名詞＋に／へが**でかける**との結合において移動において目指す場所を表すことであり、この点で**むかう**により近いといえる。[82] では、(南条の)**事故があった場所に でかける**によって（南条の）**事故があった場所**を目指す移動が示されている。**おもむく、ちかづく、でかける**は、**むかう**同様、名詞＋に／へに移動において目指す場所という意味を与える動詞である、ということができる。

　なお、[21] **鞍馬から 周山街道に むかう**では、移動が始められる場所を表す**鞍馬から**が移動において目指す場所を表す**周山街道に**と共起していた。名詞＋**から**と移動動詞との結合は始まりとその後の移動を表すので、名詞＋**から**と移動において目指す場所を表す名詞＋に／へが共起して移動動詞と結合することは可能である。

5. 移動が行われる方向を表す名詞
5.1 名詞＋に／へ─移動が終わる場所を表す場合と移動が行われる方向を表す場合

本章3.2および4で見てきたように、名詞＋に／へは、結合相手の動詞に応じて、［5］**庭へ いく**の**庭へ**、［68］**居間へ すすむ**の**居間へ**等のように移動が終わる場所を表す場合と、［7］**宿に むかう**の**宿に**等のように移動において目指す場所を表す場合がある。これらの用法において名詞＋に／へが表すのは、移動が終わる場所すなわち実際の到着地点か、移動において目指す場所すなわち潜在的な目的地点かという違いはあっても、特定の場所（空間中の一つの地点）であるという共通点がある。

これに対して、［9］**中に はいる**、［10］**奥を 芹生の里のほうに いく**、［11］**外へ でる**、［12］**前へ すすむ**、［55］**団地脇を 西に すすむ**において名詞＋に／へが表しているのは、特定の場所（空間中の一つの地点）ではなく、移動が行われる方向である。［9］**中に はいる**では**中に**という方向で行われる移動が、［10］**奥を 芹生の里のほうに いく**では**奥**において**芹生の里のほうに**という方向で行われる移動が、［11］**外へ でる**では**外へ**という方向で行われる移動が、［12］**前へ すすむ**では**前へ**という方向で行われる移動が、［55］**団地脇を 西に すすむ**では**団地脇**において**西に**という方向で行われる移動が示されていた。

名詞＋に／へは、以下の［83］－［85］においても、移動が行われる方向を表している。

[83] どうやらこの駐車場にはいないようだが、<u>上へ</u>行くと逢う予感が、自分でもおかしいほど湧いてくる。（『丘の上の向日葵』43）

[84] 急にむくむくと、不条理な怒りが込み上げてきた。ついさっきまでビクビクして、自分の責任の重さに泣き出したいような気持ちで校門への橋を渡ってきたばかりだというのに。『彼女』は<u>音のする方へ</u>足早に向かった。（『六番目の小夜子』16）

[85] 列車は、富士山のふもとを後に、<u>東京方面へ</u>向かっている。（『幻世の祈り』51）

[83]では、**上へ いく**という結合によって**上へ**という方向で行われる移動が、[84]では、**音のする方へ むかう**という結合によって**音のする方へ**という方向で行われる移動が、[85]では、**東京方面へ むかう**という結合によって**東京方面へ**という方向で行われる移動が示されている。

　移動が終わる場所あるいは移動において目指す場所を表す名詞＋に／へと、移動が行われる方向を表す名詞＋に／への違いは、**あるく**との結合においてより明確になる。移動が終わる場所を表す名詞＋に／へと**あるく**の結合は、[75]**椅子に あるく**で見たように、変則的である。しかし、移動が行われる方向を表す名詞＋に／へと**あるく**の結合は、以下の[86]−[88]に見るように、通常の用法である。

　　[86] いいながら智子は、漸く<u>台所の方へ</u><u>歩いた</u>。(『丘の上の向日葵』208)
　　[87] ホテルを出て真っ暗な車道を横断し、彼は<u>TBSの方向に</u><u>歩いた</u>。
　　　　 (『悪霊の午後（上）』217)
　　[88] 馬場大門の欅並木の<u>歩道を</u>、<u>大国魂神社の方へ</u><u>歩く</u>。(『丘の上の向日葵』275)

　[86]では、**台所の方へ あるく**によって**台所の方へ**という方向で行われる移動が、[87]では、**TBSの方向に あるく**によって**TBSの方向に**という方向で行われる移動が、[88]では、**歩道を 大国魂神社の方へ あるく**によって**歩道**において**大国魂神社の方へ**という方向で行われる移動が示されている。このように、移動が終わる場所を表す名詞＋に／へとの結合においては通常用いられない**あるく**が、移動が行われる方向を表す名詞＋に／へとの結合においては普通に用いられる。このような結合関係の違いは、移動が終わる場所を表す名詞＋に／へと、移動が行われる方向を表す名詞＋に／への違いの現れである、ということができる。

5.2　移動動詞の語義と「方向」

　移動という事象を考える場合、「方向」は重要な要素の一つである。移動動詞の用法においても、移動が行われる方向がどのように表されるかは重要

であろう。
　移動の「方向」に関して詳細な記述をしているのは宮島（1972：249-297）である。そこには、「方向を特徴とする動詞というのは、原則としてはもちろん移動の動詞である。」として、以下の13種類の「方向」が挙げられている。

　　①上下
　　②左右
　　③前後
　　④内外
　　⑤東西南北
　　⑥ある基準点に対する方向
　　⑦特定の目的地に対する方向
　　⑧川上・川下への方向
　　⑨人前への方向
　　⑩話し手に対する方向
　　⑪最初の出発点に対する方向
　　⑫不定の方向
　　⑬回転

　しかし、ここには、特定の動詞のみに関係する個別的な用法あるいは慣用句的な用法も含まれていて、これら13種類の方向の全てが移動動詞の語義にとって等しく重要であるとはいえない。
　まず、②「左右」、⑤「東西南北」という特徴に関しては、以下のように述べられている。

　　　　純粋に左右の方向を特徴とするものは、
　　　　　　左折する、右折する
　　　　ぐらいしかないであろう。…（宮島（1972：263-264））
　　　　この特徴をもつものは、「東上」「西下」「東漸」のように、漢語で前の要素が方向をあらわすという構成をもったものにかぎられる。（宮島

(1972：272))

「左右」という特徴は**左折する、右折する**[*11]に、「東西南北」という特徴は**東上する、西下する、東漸する**に限られる。**左折する、右折する、東上する、西下する、東漸する**は、いずれも「漢語で前の要素が方向をあらわすという構成」(上掲の宮島(1972：272)の引用から)を持っていて、語構成が「左」「右」「東」「西」「東」という移動が行われる方向と対応している動詞である。

また、⑦「特定の目的地に対する方向」という特徴に関しては、「まず都を基準として、これにむかうものと、はなれるものとがある。」(宮島(1972：286))として、**東京に のぼる、上京する、出京する、江戸から くだる、京都から 下向する**等の例が挙げられ、以下のように述べられている。

　　この類に属するものとしては、〈移動動作＋目的地〉という構成をもった漢語が非常に多い。(和語にも「里がえりする」のような例はあるが。)「上京する」「出京する」もその例だが、ほかにつぎのようなものがある。
　　　登校する〜下校する　登庁する〜退庁する　来日する〜離日する
　　　出社する[*12]
　　　来場する　来店する　帰国する　帰郷する　訪日する　渡米する
　　(宮島(1972：286))

⑦「特定の目的地に対する方向」を特徴に持つ漢語の動詞は、上掲の②「左右」、⑤「東西南北」を特徴に持つ漢語の動詞とは違うが、地点を表す要素が後半に用いられていて、語構成と、語義の特徴としての方向とが対応している。

[*11]　宮島(1972：264)では、「左右」という特徴を持つ他動詞として、**かしげる、かたむける**が挙げられている。
[*12]　「「出〜」という構成をもった漢語」には、「「出獄する」のように「〜をでる」という意味のものと、「出場する」のように「〜へでる」という意味のものがある」ことが付け加えられている。

第2章　移動動詞との結合における名詞の意味　59

なお、ここに挙げられている**東京に のぼる**、**江戸から くだる**という結合は、慣用句的なものとみなすことができる。

次に、⑧「川上・川下の方向」を特徴に持つ動詞として**のぼる、さかのぼる－くだる、さがる**、⑨「人前への方向」という特徴を持つ動詞として**でる－ひっこむ、さがる**[*13]が挙げられているが（以上、宮島（1972：286/287））、このような用法は、これらの動詞にとって慣用的なものとみなすことができる。

一方、⑫「不定の方向」を特徴に持つ動詞として、**さまよう、うろつく、ほっつく**、および、**ながれる**と上位下位の関係にある**ただよう**が、**いく、くる**との対立において挙げられている。

> 「いく」「くる」「くだる」「はいる」など、移動をあらわす動詞の多くは、なんらかの方向への移動であることを積極的にしめしている。また、移動の動詞のなかには、「わたる」「およぐ」「はしる」のように、方向について無関心なものもある。しかし、上にあげた「さまよう」などは、これら２つのグループのどちらともちがって、方向が不定であることを積極的にあらわしているものである。すなわち、移動の動詞は、方向の観点からみると、つぎの３つにわかれる。
>
> 　　　方向の規定がある　定　――――いく、はいる……
> 　　　　　　　　　　　　不定――――さまよう、うろつく……
> 　　　　〃　　がない　　　　――――わたる、はしる……
>
> （宮島（1972：294-295）；下線引用者）

「方向が不定であることを積極的にあらわしている」という語義の特徴を持つ動詞のグループが形成される。これらの動詞と名詞の結合については、以下のように述べられている。

> 「さまよう」の類の形式的特徴は、「～へ」「～に」という一定の目的

[*13] 宮島（1972：287）では、「人前への方向」という特徴を持つ他動詞として、**だす－ひっこめる、さげる**が挙げられている。

地をあらわす目的語がなく、そのかわりに「～を」という形で移動の場所が示されることが多い、という点にある。…そして、「～に」という目的語がとられるとき、それは目的地・到達点をあらわすものではなくて、その動作の行なわれる場所を示す。…この「～に」の用法は、「いく」「くる」などの移動の動詞よりも、むしろ「いる」「ある」など存在の動詞と結びつくときに見られる、ありかを示す用法であって、「～へ」にはないものである。「さまよう」がこれと結びつくことは、「いく」など方向の一定した動詞との大きなちがいである。(宮島 (1972:295))

結合している名詞+**を**が「移動の場所」つまり移動が行われる場所を表すことは本章2.1で見た動詞と共通しているが、結合している名詞+**に**が「ありか」を表すことは移動動詞には見られない。**さまよう、うろつく、ほっつく**等は、移動動詞と異なる結合関係において用いられるので、ここでは考察の対象から外す。

最後の⑬「回転」には、「軸の方向がかわる」という特徴を持つ**まがる**、「軸の方向はかわらず、その軸を中心として回転することをあらわす」という特徴を持つ**ねじれる、よじる、まわる**が例として挙げられているが (宮島 (1972:297))*14、これらは、空間中の二地点間の移動を表す動詞とは言えないので、ここでは考察の対象から外す。

以上、特定の動詞の個別的な特徴である②「左右」、⑤「東西南北」、⑦「特定の目的地に対する方向」、慣用句的な用法とみなすことができる⑦「特定の目的地に対する方向」(一部)、⑧「川上・川下への方向」、⑨「人前への方向」、本書の移動動詞の範囲から外れる特徴である⑫「不定の方向」、⑬「回転」を除くと、以下の6種類の「方向」が残る。

①上下
③前後

---

*14　宮島 (1972:296-297) は、「回転」という特徴を持つ他動詞として、「対象の方向をかえることをあらわす」**まげる** (「対象とするものの軸の方向をかえる」)、**ねじる、ひねる、よじる、まわす** (「軸そのものの方向はかわらない」) を挙げている。

④内外
⑥ある基準点に対する方向
⑩話し手に対する方向
⑪最初の出発点に対する方向

　各移動動詞がある方向において行われる移動を表すか、特定の場所において終わる移動を表すかという問題について、宮島（1972）は次のように述べている。

>　…ここでとりあげた移動の動詞については、実は方向として規定すべきか「目的地」として規定すべきかが問題である。たとえば「いく」「くる」のちがいは、基本的には<u>話し手の方向への移動</u>であるかどうかによるのだが、これはまた、<u>話し手のいる場所が目的地になっている動作</u>かどうかという対立だとも考えられる。（宮島（1972：249）、下線引用者）

　宮島（1972）は、⑪「最初の出発点に対する方向」という特徴との関係から、**かえる**と**もどる**の違いとして以下の三点を挙げ、その背景にある「根拠」として「重点のおきどころのちがい」に言及している。

（1）「他人の家を辞去する」という現象には、「かえる」だけがつかわれる。
（2）目的地が問題にならず、単なる後退をあらわすばあいには、「もどる」だけがつかわれる。
（3）「もどる」の目的地は、比較的ちかいことが多い。（以上、宮島（1972：290-292）から）

>　…その重点とは、「かえる」のばあいは<u>本拠への帰還</u>ということであり、「もどる」にあっては<u>逆方向への移動</u>ということである。…
>（1）「かえる」だけが「辞去する」ことをあらわすのは、「かえる」の中に本拠（すなわち多くのばあいは自宅）へいくということが含まれ

ているので、単に「かえった」といっただけで、自宅への帰還が暗示されていたためであろう。…
（２）単なる後退が「もどる」でしかあらわされないことは、端的にこの両語の重点のちがいを示している。
（３）国のような大きな目的地への移動に「もどる」がつかわれないことは、こういうばあいに距離がとおく、前に「きた」ときの移動との時間的なへだたりも大きいので、その前の移動との対比において方向が逆だという関係がうすくなるためかと思われる。…（同（同：293）、下線引用者）

宮島（1972）によれば、**かえる**の語義は「本拠への帰還」に重点があり、**もどる**の語義は「逆方向への移動」に重点があるという特徴が各動詞の用法の背景にあることになる。
　⑥「ある基準点に対する方向」を特徴に持つ動詞の場合にも、特定の場所を目指す移動を表すか、ある方向において行われる移動を表すかという問題が生じる。宮島（1972）は、**むかう**の用法について以下のように述べている。

　　「むかう」はある一定の方向への移動をあらわす。ふつうのばあい、…その方向は目的地をあらわすことによって示される。しかし、ときには、…方向をあらわすことばだけで、目的地の示されていないこともある。（宮島（1972：272））

「目的地をあらわすばあい」とは特定の場所を目指す移動を表す場合であり、「方向をあらわすことばだけ」とはある方向において行われる移動を表す場合であろう。**むかう**には、このような二種類の結合における用法がある[15]。その他、「ある基準点に対する方向」という特徴を持つ動詞として、宮島（1972：273-276）は**近づく、近よる／よる、せまる／くっつく／あつまる**等を

---

[15] 宮島（1972）は、むかうの反義語の候補として、**さる、それる、転ずる**を挙げている。

挙げているが*16、ちかづく、よる、あつまる等も特定の場所を目指す移動を表す動詞である、ということができる（ちかづくについては本章4参照）。

ここでは、移動動詞が移動が行われる方向を表す名詞＋に／へとの結合において用いられることを、その動詞が「方向」を特徴に持つことの現れであると解釈する。いく、すすむ、むかう、あるくは「方向」を持つ動詞である。

5.3 特定の方向における移動を表す動詞

第1章では、いく、すすむ、むかう、あるくの他、[9]**中に はいる**、[11]**外へ でる**のように、はいる、でるが移動が行われる方向を表す名詞＋に／へと結合することを見た。他にも、以下の[89][90][91]に見るように、のる、あがる、おりるが移動が行われる方向を表す名詞＋に／へと結合する。これらは、[74]**家に はいる**、[73]**廊下に でる**、[70]**エレベーターに のる**、[71]**茶の間に あがる**、[4]**ロビーに おりる**で見たように、移動が終わる場所を表す名詞＋に／へとも結合する動詞である。

> [89] 地下鉄の駅はラッシュ時のような混み方だった。大吉はオレンジ色のプラスチック製の<u>椅子の上</u>に**のって**、興奮し、肩を組んで叫んでいる若いグループのほうへカメラを向けた。（『雲の宴（上）』14）
>
> [90] 上条時子がひきとって「ああ亜沙実ちゃんじゃあさ、<u>上に</u>**あがって**もらったら。掃除やなんか、まだだいぶかかるの？」と、子供を相手にするような口調で尋ねた。（『九月が永遠に続けば』398）
>
> [91] 「駄目ですよ、佐々木さん。いつも言ってることですけどね、猫に何かやるのはいいんですよ。だけど上から放るのはやめてちょうだい。ちゃんと<u>下に</u>**降りて**、決まったとこでやってちょうだい」（『ポプラの秋』50）

---

*16　宮島（1972：273-276）は、「ある基準点に対する方向」が問題になる他動詞として、近づける、近よせる、よせる、くっつけるを挙げている。

[89] では、**椅子の上に のる**によって**椅子**を基準としてその**上に**という方向において行われる移動が、[90] では、**上に あがる**によって**上に**という方向において行われる移動が、[91] では、**下に おりる**によって**下に**という方向において行われる移動が示されている。
　[89] ではある場所を基準にした方向において行われる移動が表されているが、**はいる、でる**にも同様の用法がある。

　　[92]「はやくお入り。そんな恰好で」
　　　そう言った時にはもう、おばあさんは濡れ縁のほうに向かっている。足もとの踏み石のところに、まだ少し湿り気の残っている傘をそのまま置くと、おばあさんは掃き出し窓から「よっこらしょ」と<u>家のなかに</u>入ってしまった。(『ポプラの秋』45)
　　[93]…、友人たちは霧雨のふる<u>ホテルの外に</u>出た。(『悪霊の午後（上）』44)

　[93] では、**家のなかに はいる**によって**家**を基準としてその**なかに**という方向において行われる移動が、[94] では、**ホテルの外に でる**によって**ホテル**を基準としてその**外に**という方向において行われる移動が示されている。
　これらの動詞は、**下に／へ のる、下に／へ あがる、上に／へ おりる、外に／へ はいる、中に／へ でる**という結合においては用いられない。これらは特定の方向において行われる移動を表す動詞であり、このような結合関係には、各動詞の語義が直接現れている。
　これに対して、**いく、すすむ、むかう、あるく**は移動が行われる方向を表す名詞＋**に／へ**と自由に結合する。本章4.2で見たように、**いく、すすむ**は移動が終わる場所を表す名詞＋**に／へ**との結合においても用いられる動詞であった。宮島（1972）は、③「前後」という特徴との関係から、**すすむ**について以下のように述べている。

　　…「すすむ」とは前に移動することだと規定するとき、その「前」とは、かならずしも静止した状態で決定された方向ではない。いわば、そ

れがすすんでいくことによって前後が決定するのである。とすれば、「すすむ」を「前への移動」と規定するのは、同義反復であって、むしろ「一定方向への移動」と規定すべきかもしれない。(宮島 (1972：265))

　一定方向において行われる移動として表すことと、移動が行われる方向を表す名詞＋に／へと結合すること、ある場所において終わる移動として表すことと、移動が終わる場所を表す名詞＋に／へと結合すること、という、移動動詞の語義の特徴と、特定の格形式の名詞との結合関係の間の対応が明らかになる。
　宮島 (1972: 272) が**むかう**について、⑥「ある基準点に対する方向」という特徴との関係から「目的地をあらわす」「方向をあらわすことばだけで、目的地の示されていないこともある。」と述べていることを見たが、これもまた、ある場所を目指す移動として表すことと、移動において目指す場所を表す名詞＋に／へとの結合において用いられること、一定方向において行われる移動として表すことと、移動が行われる方向を表す名詞＋に／へとの結合において用いられること、という、移動動詞の語義の特徴と、特定の格形式の名詞との結合関係の間の対応の現れであろう。
　ある方向において行われる移動を表す動詞は、特定の方向を表す名詞＋に／へのみと結合するか、方向を表す名詞＋に／へと自由に結合するかによって、二種類に分けることができる。

【*α*】特定の方向を表す名詞＋に／へのみと結合する動詞。**上**に／へ のる／あがる、**下**に／へ おりる、**中**に／へ はいる、**外**に／へ でる等の結合において用いられる動詞である。
【*β*】移動が行われる方向を表す名詞＋に／へと自由に結合する動詞。いく、すすむ、むかう、あるく等の動詞である。

第3章

移動動詞の結合特性と語義の特徴

　第2章では、移動動詞の語義の特徴を規定するための手掛かりとして、特定の格形式の名詞と移動動詞の結合によって移動のどの段階が表されるかに基づいて、格形式間の置き換え可能性、共起可能性についても考慮しながら、移動動詞との結合における特定の格形式の名詞の意味を検討してきた。それらに基づいて、各移動動詞の、どの格形式の名詞と結合し、その名詞が何を表すか、という結合特性を確定し、その背景にある動詞の語義の特徴を導くことを試みる。

1. 特定の格形式の名詞と移動動詞の結合—まとめ

　初めに、特定の格形式の名詞と移動動詞の結合の具体例をもう一度整理しておく（一部の例を除く）。

【1】名詞＋からによって指定される場所において始められる移動を示す結合
　　　―移動が始められる場所を表す名詞＋からとの結合
　［3］食堂から でる、［18］大阪から くる、［19］学校から かえる、［20］踏み台から おりる、［26］職場から さる、［27］部屋の前から はなれる、［29］車から おりる

【2】名詞＋をによって指定される場所において始められる移動を示す結合
　　　―移動が始められる場所を表す名詞＋をとの結合
　［4］部屋を でる、［30］タクシーを おりる、［31］札幌を さる、［32］札幌を はなれる

【3】名詞＋をによって指定される場所において行われる移動を示す結合
　　　—移動が行われる場所を表す名詞＋をとの結合
　[5] 穴を とおる、[34] 窓のすぐそばを とおる、[6] 地面を いく、[33] 町を あるく、[35] 待ち合い室を ぬける、[36] 門を くぐる、[37] 国境を こえる、[38] 赤羽、大宮を すぎる、[39] 廊下を すすむ、[40] 自動車道路を はしる、[41] 路地を まがる、[42] 列を まわる、[43] 道を もどる、[44] 部屋の中を よこぎる、[45] 横断歩道を わたる、[46] 階段を あがる、[47] 階段を のぼる、[48] 階段を おりる、[49] 坂を くだる

【4】名詞＋までによって指定される場所において終わる移動を示す結合
　　　—移動が終わる場所を表す名詞＋までとの結合
　[3] ハッチまで いく、[56] 西船橋まで かえる、[57] 少女の前まで すすむ、[58] 道まで もどる、[59] ロビーまで おりる、[60] 八階まで のぼる、[61] 広場まで でる、[76] 駅まで あるく

【5】名詞＋に／へによって指定される場所において終わる移動を示す結合
　　　—移動が終わる場所を表す名詞＋に／へとの結合
　[4] ロビーに おりる、[5] 庭へ いく、[6] 塀の際に つく、[65] 北海道に くる、[66] 東京に かえる、[67] 茶の間に うつる、[68] 居間へ すすむ、[69] 家に もどる、[70] エレベーターに のる、[71] 茶の間に あがる、[72] 最上階に のぼる、[73] 廊下に でる、[74] 家に はいる

【6】名詞＋に／へによって指定される場所を目指す移動を示す結合
　　　—移動において目指す場所を表す名詞＋に／へとの結合
　[7] 宿に むかう、[8] 流し台へ むかう、[80] 赤坂に おもむく、[81] 新宿駅に ちかづく、[82] 事故があった場所に でかける

【7】名詞＋に／へによって表される方向において行われる移動を示す結合
　　　—移動が行われる方向を表す名詞＋に／へとの結合
　[9] 中に はいる、[92] 家のなかに はいる、[11] 外へ でる、[93] ホテ

ルの外に でる、[12] 前へ すすむ、[83] 上へ いく、[84] 音のする方へ むかう、[85] 東京方面へ むかう、[86] 台所の方へ あるく、[87] TBSの方向に あるく、[89] 椅子の上に のる、[90] 上に あがる、[91] 下に おりる

複数の種類の格形式の名詞と移動動詞の結合としては、以下のものがある。

【1】+【3】 名詞+からによって指定される場所において始められ、名詞+をによって指定される場所において行われる移動を示す結合
　　[23] 駅から 川べりを とおる、[24] 一ツ木通りから TBSのそばを ぬける

【1】+【4】 名詞+からによって指定される場所において始められ、名詞+までによって指定される場所において終わる移動を示す結合
　　[1] 函館から 小樽まで くる

【1】+【5】 名詞+からによって指定される場所において始められ、名詞+に/へによって指定される場所において終わる移動を示す結合
　　[13] 通りから ビルの地下に おりる、[14] 京の街から 山に はいる、[15] 上海から 西安へ いく、[16] その家から 満州へ わたる、[17] 食堂から 廊下に でる

【1】+【6】 名詞+からによって指定される場所において始められ、名詞+に/へによって指定される場所を目指す移動を示す結合
　　[21] 鞍馬から 周山街道に むかう

【1】+【7】 名詞+からによって指定される場所において始められ、名詞+に/へによって表される方向において行われる移動を示す結合
　　[22] 岩屋から 外に でる

【3】+【4】 名詞+をによって指定される場所において行われ、名詞+まで

によって指定される場所において終わる移動を示す結合
　[52] 階段を 四階まで のぼる

【3】+【6】名詞＋をによって指定される場所において行われ、名詞＋に／
　　　　へによって指定される場所を目指す移動を示す結合
　[53] 夜道を 駅に むかう

【3】+【7】名詞＋をによって指定される場所において行われ、名詞＋に／
　　　　へによって表される方向において行われる移動を示す結合
　[10] (この) 奥を 芹生の里のほうに いく、[54] 反対側に 駅舎を ぬける、
[55] 団地脇を 西に すすむ、[88] 歩道を 大国魂神社の方へ あるく、

【3】+【1】+【4】名詞＋をによって指定される場所において行われる、名詞＋
　　　　　　からによって指定される場所において始められ、名詞＋まで
　　　　　　によって指定される場所において終わる移動を示す結合
　[2] 海岸通りを 端から 端まで あるく

2. 動詞の結合特性と語義の特徴

　序に引用したように、宮島 (1966：166) は、「ある単語がどのような単語とむすびついてつかわれるか」を「単語の意味にとっては１つの形式」であるとしている。また、奥田 (1967：6) は、「他の単語との文法的なむすびつき」が「語彙的な意味の性格」を明らかにすると述べている。他の語との結合関係がその語の語義の特徴を明らかにするとは、どのようなことであろうか。この問題について奥田 (1968-72)、宮島 (1972) は以下のように考察している。
　奥田 (1968-72) は、**物を 〜する**という結合で対象に変化をひきおこすことを示す「もようがえのむすびつき」と**物１を 物２に 〜する**という結合で第一の対象を第二の対象に付着・接着することを示す「とりつけのむすびつき」の違いの根拠を「語彙的な意味の性格」にもとめ、動詞の語義の特徴が特定の格形式の名詞と動詞の結合関係の背景にあることを述べている。

とりつけのむすびつきをあらわす三単語のくみあわせのなかでは、動詞**むすぶ**は／むすびつける／という意味になっているし、動詞**まく**は／まきつける／という意味になっている。つまり、ひとつの動詞はことなる構造のなかでことなる意味を実現しているのであるが、このことはあわせ動詞である**むすびつける、まきつける**の存在によって確認される。
　もようがえ動詞のうちのあるものは、動詞**つける**とあわさって、あわせ動詞になると、くっつけ動詞に移行する（たとえば、**きりつける、ぬいつける**）。さらに、**むすびつける、まきつける、しばりつける、かざりつける**のようなあわせ動詞があって、もようがえ動詞ととりつけ動詞との語彙的な意味のちがいをあきらかにしてくれる。ふたつのカテゴリー、つまり<u>もようがえのむすびつきととりつけのむすびつきとのちがい</u>は、まさにこの<u>語彙</u>的な<u>意味のちがい</u>のうえになりたっているのである。…
（奥田（1968-72：29-30）、下線引用者）

　宮島（1972：669-670）は、特定の格形式の名詞と動詞との結合関係を「文法的文脈」と呼び、この結合関係が「動詞の意味的な側面」を明らかにしていると述べ、「このような関係をつくりうることも、おのおのの動詞の文法的性質（能力）」としながらも、「その性質をささえているものは、これらの動詞の意味上の性格である」としている。

　　…<u>他の単語の語形によって示された条件</u>というのは、「文法的文脈」といいかえることができるだろう。たとえば、
　　　　まちへ　かえる（移動）
　　　　まちを　つくる（はたらきかけ）
　　　　まちで　あそぶ（動作）
　　　　まちに　いる（存在）
　などでは、それぞれ、動詞自身の語形ではなくて、これと結びついている「まち」という名詞の語形が、これらの動詞にとって文法的条件になっているのである。「まちへ」「まちを」などと<u>名詞の語形がそれぞれにちがっていること</u>が、これと結びつく<u>動詞の意味的な側面</u>を明らかに

する。たとえば「まちへ」というかたちと結びついていることは、「か
える」という動詞がそのような帰着点を必要とする移動の動作をあらわ
すことを示している。「まちを」という名詞のかたちと結びついている
ことは、「つくる」が、何か対象に対してはたらきかけるという側面を
もった動詞であることを示している。… 他の単語との結びつきによって
明らかになる条件は、その単語の構文論的（連語論的）性質のあらわれ
である。(宮島（1972：669-670）、下線引用者)

さらに、宮島（1972）は、「連語としての関係」を、「文法的性質」によっ
てつくられるが、それを支えているのは「動詞の意味上の性格」である、と
する。

　…動詞の文法的性質のうちで意味記述ともっとも直接に関係するのは、
連語論的性質だ。形態論的な、あるいは（せまい意味での）構文論的な性
質は、これにくらべれば、より純粋に文法的なもので、これを細分して
いっても実質的意味には達しない。これに対して連語論的性質は、はじ
めからそのうちに実質的要素をふくんでいる。連語とは、ほかの単語と
のむすびつきだから、語い的条件がきりはなせない。
　　道を　つくる
　　道を　ながめる
　　道を　あるく
　これらにおける名詞と動詞との関係は、それぞれちがっている。つま
り、これらはちがった型の連語に属する。この連語としての関係そのも
のは文法的なものであり、したがって、このような名詞とむすびついて
このような関係をつくりうることも、おのおのの動詞の文法的性質（能
力）ではあるが、その性質をささえているものは、これらの動詞の意味
上の性格である。そして、文法的なむすびつきを細分していくと、それ
はしだいに語い的なむすびつきとしての性格をつよめ、そのさかい目は、
はっきりしない。…（同（同：686-687）、下線引用者)

「連語論的性質」は、名詞との結合という共通の文法形式に現れる。この共通性を媒介として、「連語論的性質」の背景にある語義の特徴は、個別の動詞のみの特徴ではなく、動詞全体の中で範疇を形成する特徴である。宮島（1972）は、文法形式に現れ、範疇を形成する語義の特徴を「意味の形式的側面」「範ちゅう的な側面」と呼んでいる。

　　<u>文法的条件</u>は、ある動詞が移動であるか、はたらきかけをもっているか、というような<u>意味の形式的側面</u>を明らかにする。そして、それ以上ではない。「まちへ」という語形と結びつくことは、「かえる」という動詞のあらわす動作が移動であることを示している。しかし、それがどのような方法による移動であるか、車をつかうのか足をつかうのか、また、いそぎの、早い動作であるかいなか、どのような目的で行なわれるのか、といったことは、いっさい示していない。…
　　ここで語い的意味の形式的側面とよんだものは、見方をかえていえば、<u>範ちゅう的な側面</u>といってよいかもしれない。すなわち、「かえる」という動作を規定すれば、「もといた場所への移動」というようなことになるだろうが、つまり「移動」ということは「かえる」の上位概念なのであって、<u>どのような上位概念に属する動作であるか、どのような範ちゅうにはいる動作であるかを明らかにするのが、文法的性質の役わりだ</u>といえるのである。その範ちゅうのなかで、どのような特徴をもつ単語であるかは、語い的な結びつきが明らかにする。…（同（同：671）、下線引用者）

　語義の「形式的」特徴が同時に「範ちゅう的」特徴であるなら、共通の「文法的性質」である結合特性を媒介とする語義の「形式的」「範ちゅう的」特徴の面から、個々の語の語義と、語彙体系を統一的にとらえることができる。「動詞を名詞でひろげることによって、文の名づけ的意味は成立する」（奥田（1979：161）、第1部冒頭に引用）なら、そして、ある動詞が特定の結合において一定の語義で用いられるなら、動詞の結合特性として現れる語義の特徴は、語義を規定し、語彙体系を記述するための最も重要な手掛かりになる。

本書では、特定の格形式の名詞と動詞の結合関係において明らかになる、その動詞の結合特性としての語義の特徴を、宮島（1972）による「意味の形式的側面」「範ちゅう的な側面」の中でも最も重要なものととらえ、**語義の結合的特徴**と呼ぶことにする。

3. 移動動詞の語義の結合的特徴

　本章1にまとめた特定の格形式の名詞と移動動詞の結合関係から、結合における名詞の意味を手がかりに、移動動詞の語義の結合的特徴を検討する。
　【1】で見た名詞＋**から**は、どのような移動動詞とも結合し、移動が始められる場所を表す。また、【4】で見た名詞＋**まで**は、全ての移動動詞と結合するわけではないが、移動動詞との結合においては移動が終わる場所を表す。さらに、【7】で見た名詞＋**に／へ**は、名詞の語彙的な種類のために、移動動詞との結合においては移動が行われる方向を表す。これらの格形式の名詞は、移動動詞との結合において特定の意味を持ち、その移動動詞との**適合**（序注5のLyons（1995）からの引用参照）によって結合し、その動詞にこれらの情報を加える、ということができる。
　これに対して、【2】移動が始められる場所を表す名詞＋**を**、【3】移動が行われる場所を表す名詞＋**を**、【5】移動が終わる場所を表す名詞＋**に／へ**、【6】移動において目指す場所を表す名詞＋**に／へ**は、結合している移動動詞が何であるかによって、どのような場所を表すかが決まっている、つまり、移動動詞によってこれらの名詞に意味が与えられている。これらの結合関係においては、特定の格形式の名詞は動詞に従属し、その語義を補っている、ということができる。まず、【2】【3】【5】【6】で見た結合関係において明らかになる移動動詞の語義の結合的特徴の確定を試みる。

　【2】**でる、おりる、さる、はなれる**等と結合している名詞＋**を**は、移動が始められる場所を表す。これらの、名詞＋**を**に移動が始められる場所（出発地点）の意味を与える結合特性を持つ動詞は、名詞＋**を**によって指定された場所において始められる移動を表すという語義の結合的特徴を持つ。なお、この場合には、移動の始まり（出発）が移動全体から取り出されて表される。

以下では、このような語義の結合的特徴を**出発地点指定性**（**出発性**）と呼ぶ。

【3】あるく、とおる、いく、ぬける、くぐる、こえる、すぎる、すすむ、はしる、まがる、まわる、もどる、よこぎる、わたる、あがる、のぼる、おりる、くだる等と結合している名詞＋をは、移動が行われる場所を表す。これらの、名詞＋をに移動が行われる場所（経由地点）の意味を与える結合特性を持つ動詞は、名詞＋をによって指定された場所において行われる移動を表すという語義の結合的特徴を持つ。以下では、このような語義の結合的特徴を**経由地点指定性**（**経由性**）と呼ぶ。

【5】いく、くる、かえる、つく、うつる、すすむ、もどる、のる、あがる、のぼる、おりる、でる、はいる等の動詞と結合している名詞＋に／へは、移動が終わる場所を表す。これらの、名詞＋に／へに移動が終わる場所（到着地点）の意味を与える結合特性を持つ動詞は、名詞＋に／へによって指定された場所において終わる移動を表すという語義の結合的特徴を持つ。なお、この場合には、移動の終わり（到着）が移動の過程を問題にせずに表される。以下では、このような語義の結合的特徴を**到着地点指定性**（**到着性**）と呼ぶ。

【6】むかう、おもむく、ちかづく、でかける等の動詞と結合している名詞＋に／へは、移動において目指す場所を表す。これらの、名詞＋に／へに移動において目指す場所（目的地点）の意味を与える結合特性を持つ動詞は、名詞＋に／へによって指定された場所を目指す移動を表すという語義の結合的特徴を持つ、ということができる。以下では、このような語義の結合的特徴を**目的地点指定性**と呼ぶ。

今度は、【1】【4】【7】で見た、特定の意味を表す名詞との適合による結合において明らかになる移動動詞の語義の結合的特徴の確定を試みる。

【1】名詞＋からは、どのような移動動詞との結合においても、移動が始められる場所を表す。名詞＋からとの結合において移動の始まりを表すこ

とは、移動動詞全体に共通している。以下では、移動動詞のこのような語義の結合的特徴を**移動開始性**と呼ぶ。移動開始性は、移動動詞に共通の語義の結合的特徴である。

【4】名詞＋までは、**あるく、いく、くる、かえる、のぼる、おりる、でる**等との結合において、移動が終わる場所を表す。名詞＋までと移動動詞が結合することには、終わりに至る移動を過程的に表すという動詞の語義の特徴が現れている。以下では、移動動詞のこのような語義の結合的特徴を**移動過程終了性**と呼ぶ。

【7】**上、下、外、中、前、西、反対側、…（の）方、…方面、…（の）方向**等の名詞＋に／へは、移動動詞との結合において、移動が行われる方向を表す。このような名詞と移動動詞の結合には、二つの種類がある。

【7-α】**のる、あがる、のぼる、でる、はいる**等は、**上に／へ あがる／のぼる、下に／へ おりる、外に／へ でる、中に／へ はいる**のような、移動が行われる方向を表す名詞＋に／へとの結合において用いられる。各移動動詞が結合可能な名詞は特定のものに限られる。この結合関係には、特定の方向において行われる移動を表すという動詞の語義の特徴が現れている。以下では、移動動詞のこのような語義の結合的特徴を**特定方向性**と呼ぶ。

【7-β】**いく、すすむ、あるく**は、**移動が行われる方向を表す名詞＋に／へと自由に結合する**。これらは、経由地点指定性（経由性）を持つ場合、移動過程終了性を持つ場合がある動詞と一致する。これら二種類の語義の結合的特徴を持つこと、つまり、ある場所において行われ、終わりに至る移動を過程的に表す移動動詞であることが、移動が行われる方向を表す名詞＋に／へと自由に結合することと対応している。移動が行われる方向を表す名詞＋に／へは、移動が行われる場所（経由地点）を表す名詞＋**を**と共起して移動動詞と結合する場合があり、名詞＋**を**によって指定される場所において行われる移動に、方向に関する情報が与えられる。

第2部
移動動詞の語義と語彙体系

　第1部では、結合相手である特定の格形式の名詞の意味を確定し、結合特性として現れる移動動詞の語義の結合的特徴を導くことを試みた。第3章2で考察したように、結合特性および語義の結合的特徴は、個々の動詞にのみ固有な個別的なものではなく、共通の文法形式である結合関係を媒介として、動詞を範疇へとまとめ、語彙体系を組織するものである。第2部では、いくつかの移動動詞の語義をより詳細に検討しながら、移動動詞の語彙体系の記述を試みる。

　第3章にまとめた語義の結合的特徴のうち、名詞＋をとの結合に基づく二種類は、移動の始まり、移動の実行と関係していて、移動動詞の二つの下位範疇を形成する。

　出発地点指定性（出発性）
　　名詞＋**を**に移動が始められる場所（出発地点）の意味を与えるという特性に現れる語義の結合的特徴で、動詞は名詞＋**を**によって指定された場所において始められる移動を表す

　経由地点指定性（経由性）
　　名詞＋**を**に移動が行われる場所（経由地点）の意味を与えるという特性に現れる語義の結合的特徴で、動詞は名詞＋**を**によって指定された場所において行われる移動を表す

　以下では、名詞＋**を**との結合関係から、出発性を持つ動詞（出発性動詞）

としての用法がある動詞、経由性を持つ動詞（経由性動詞）としての用法がある動詞、出発性・経由性を持たない動詞（名詞＋をと結合しない動詞）という範疇内で、名詞＋を以外の格形式の名詞との結合関係から明らかになる語義の結合的特徴に基づいて、各動詞の語義のより詳細な記述、さらに、移動動詞の語彙体系の記述を試みる。

第4章

語義の結合的特徴から見た移動動詞

1. 出発性動詞

初めに、出発性動詞として用いられる動詞をとりあげる。第1部では、**でる、おりる、さる、はなれる**が以下の例において出発性動詞として用いられていることを見た[*17]。

> [4] 洋服を着かえ、<u>部屋を**出**て</u>ロビーにおりるとすでに府中や英子や出迎えに来てくれた男が立っていた。(『悪霊の午後(上)』107)
>
> [30] 運転手も<u>タクシーを**おり**て</u>、彼の背後に立っていた。(『悪霊の午後(上)』84)
>
> [31] 自分が<u>札幌を**去**っても</u>、ふじ子はここにこうして、ただ寝ているより仕方がないのだと思うと、ただちに転勤を告げることはできなかった。(『塩狩峠』294)
>
> [32] 三堀の隣人になろうとして、三堀の真の友人になろうとして、ふじ子のいる<u>札幌を**離れ**</u>、この旭川までやって来た自分を信夫は思った。(『塩狩峠』303)

[4] 部屋を でる、[30] タクシーを おりる、[31] 札幌を さる、[32] 札

[*17] 奥田(1968-72)では、結合している名詞+をが出発地点を表す自動詞(「はなれるところをあらわす連語」をつくる動詞)として、**でる、たつ、さる、とおざかる、はなれる、しりぞく、ひきあげる**が挙げられている。

幌を はなれるでは、いずれも、名詞＋をに出発地点の意味が与えられ、指定された場所において始められる移動が表されていた。［４］部屋を でるでは、部屋において始められる移動が、［30］タクシーを おりるでは、タクシーにおいて始められる移動が、［31］札幌を さるでは、札幌において始められる移動が、［32］札幌を はなれるでは、札幌において始められる移動が示されていた。
　上掲の動詞の他、たつも出発性動詞として用いられる。

　　［94］日本を発つ直前、夏夜ちゃんのところを訪れて、手紙と贈物を手渡したのだそうだ。(『裏庭』21)

　［94］日本を たつでは、日本をに出発地点の意味が与えられ[*18]、日本において始められる移動が示されている。
　このように、出発性は、でる、おりる、さる、はなれる、たつを「まとめる」語義の結合的特徴であり、同時に、他の移動動詞からこれらの動詞を「区別する」語義の結合的特徴である。
　これらの動詞のうち、でる、おりるは、第１部で考察したように、

　特定方向性
　　移動が行われる方向を表す特定の名詞＋に／へと結合するという特性に現れる語義の結合的特徴で、動詞はその特定の方向で行われる移動を表す

を持つ動詞として用いられる。

　　［11］冴子は本を書架に戻すと、…敦子の腕をとるようにして外へ出た。

---

*18　席を／座を たつのような慣用句はこの用法から固定化したものであろう。
　［4-1］二人は慌てて席を立った。(『六番目の小夜子』57)
　［4-2］吉川はすでに座を立って、そこにはいない。(『塩狩峠』233)

(『雲の宴（上）』65)

[91]「駄目ですよ、佐々木さん。いつも言ってることですけどね、猫に何かやるのはいいんですよ。だけど上から放るのはやめてちょうだい。ちゃんと**下に 降りて**、決まったとこでやってちょうだい」
(『ポプラの秋』50)

[11] **外へ でる**では、**外へ**という方向において行われる移動が、[91] **下に おりる**では、**下に**という方向において行われる移動が示されている。方向を表す名詞＋に／へとの結合は、各動詞ともこれらの場合に限られていて、**中に／へ でる**、**上に／へ おりる**という結合は通常用いられない。この特定方向性が、他の出発性動詞**さる**、**たつ**、**はなれる**から、**でる**、**おりる**を「区別する」語義の結合的特徴である。

以下では、出発性動詞のうち、
〔ⅰ〕特定方向性を持たない**さる**、**たつ**、**はなれる**の語義
〔ⅱ〕特定方向性を持つ**でる**、**おりる**の語義
を検討する。

1.1 特定方向性を持たない出発性動詞

出発性動詞として用いられる動詞の中で、**さる**、**たつ**、**はなれる**が特定方向性を持たないことによって**でる**、**おりる**と区別できることを見た。

ここでは、出発性動詞として用いられる以外に、どのような語義の結合的特徴を持つ動詞として用いられるかという点から、**さる**、**たつ**、**はなれる**の語義を検討し、これらの動詞が互いにどのような関係にあるかを考察する。

第一に、**さる**について見る。[31] **札幌を さる**では、**札幌**において始められる移動が示されていたが、どこにおいて終わる移動であるか、あるいは、どこを目指す移動であるかは示されていない。

さるは、名詞＋に／へとも結合しうる。

[95] 信夫の母菊は、本郷の家をたたんで、大阪の待子の家<u>に 去った</u>。
(『塩狩峠』371)

[95]（大阪の）**待子の家に さる**では、それまでの居場所**本郷の家**において始められる移動が示されているが、その到着地点あるいは目的地点が（**大阪の**）**待子の家に**によって表されている。（大阪の）**待子の家に**が実際に移動が終わる到着地点を表しているか、その場所を目指して移動する目的地点を表しているかは明確でない。**待子の家に さる**が表しているのは、それまでの居場所から不在になることである。

さるは名詞と結合しないでそれまでの居場所から不在になることを表す場合もある。

[96] ウエイターが**去った**あと、
　　「おめでとうー」
　　子どもたちが声をあげた。（『幻世の祈り』30）

[96]では、**さる**は特定の格形式の名詞と結合していない。ここでは、それまでの居場所において移動が始められ、その場所から不在になることが表されている。

宮島（1972：289-290）は、「話し手に対する方向」（第1部第二章第五節の「方向」一覧の引用参照）の一例として、**さる**と「方向性」との関係に言及している。

　「さる」の方向性についても、基本的には「いく」と同じとも考えられる。すなわち、それは、話し手の位置、あるいは話題の中心である人や場所から遠ざかる方向への移動である。…話し手の位置、あるいは話題の中心となるべき場面の方への移動に「さる」をもちいることはできない。「遠くへさる」はあっても、「近くへさる」はなく、「そっちへさる」はあっても、「こっちへさる」はない。
　しかし、このことは「さる」の意味が「いく」のばあいとまったく同じだということではない。第1に、「さる」には「（どこどこ）からさる」のほかに「（どこどこ）をさる」といういい方があり、これは「いく」にはおきかえられない。…
　「さる」が「いく」とちがう第2の点は「いく」が方向性を主にする

のに対し、「さる」は<u>出発点を重視する</u>ということである。「いく」のばあいには、ときとしてその方向性さえ、ほとんどうすれてしまって、単なる移動をあらわすのに近くなるばあいがある…、「さる」はこれとちがって、<u>つねにある場所からの移動であること</u>があきらかだ。それは<u>「（どこどこ）から」「（どこどこ）を」という表現がないばあいにも、つねに自明のこととして文脈からよみとれなければならない</u>。…

　第3点として、「さる」は<u>単なる移動ないしは出発ではなく、その出発点にいなくなるということをあらわしている</u>。…「いく」のばあいに、話し手の位置とか話題の中心地点とかいうのが、単なる方向の基準点としての意味しかもっていないのに対し、「さる」のばあいには、移動の主体が最初存在した地点としての意味をもっている。「いく」という動作の結果として出発点の状態がどうなったかは問題ではないが、「さる」は、<u>出発点における状況変化</u>をもしめしているのである。…（宮島（1972：289-290）、下線引用者）

　さるが「出発点を重視する」「つねにある場所からの移動である」ということは、結合相手の名詞＋**を**に出発地点の意味を与え、指定された場所において始められる移動を表すこと、つまり、出発性動詞として用いられることと対応している。これは、移動が始まる場所を表すためには名詞＋**から**を用いなければならない**いく**との違いの一つである。さらに、「つねにある場所からの移動であること」は「「（どこどこ）から」「（どこどこ）を」という表現がないばあいにも、つねに自明のこととして文脈からよみとれなければならない」ということから、移動の始まりつまり出発は、**さる**の語義に常に保たれており、「その出発点にいなくなる」という「出発点における状況変化」がもっとも重要であって、移動主体が単にある地点を目指すか、移動が実際に終わるかは重要ではないということになる。［95］**待子の家に　さる**という結合が**待子の家**を目指す移動を示すか、**待子の家**において実際に終わる移動を示すかは、**さる**の語義にとっては重要ではない。

　第二に、**たつ**について見る。［94］**日本を　たつ**では、**日本を**に出発地点の意味が与えられ、**日本**において移動が始められることが示されていたが、次

の [97] **アフリカに たつ**では、アフリカにに目的地点の意味が与えられ、**アフリカ**を目指す移動が示されている。

> [97] 郡司がはじめて<u>アフリカに</u><u>たつ</u>前、壮行会と称して、二人だけで、芝の料亭にいったことがある。(『雲の宴（下）』25)

[97] **アフリカに たつ**は、アフリカに行くために日本を出発することを表す、と解釈することができる。出発地点は明示されていないが、それまでの居場所**日本**である。

次の [98] のように、名詞＋**を**に出発地点の意味が、名詞＋**に／へ**に目的地点の意味が与えられる場合もある。

> [98] 言を左右にして確答を与えようとしないスペインの<u>フェリペ二世の許へ</u>、つづけざまに特使が<u>ローマを</u><u>発つ</u>。(『レパントの海戦』74)

[98] **フェリペ二世の許へ ローマを たつ**では、フェリペ二世の許へには目的地点の意味が、ローマをには出発地点の意味が与えられていて、ローマにおいて始められ、フェリペ二世の許を目指す移動が示されている。ここでは、一つの場所において移動が始められること、もう一つの場所を目指して移動することが同時に表されている。このように、**たつ**は、

目的地点指定性
　名詞＋**に／へ**に移動において目指す場所（目的地点）の意味を与えるという特性に現れる語義の結合的特徴で、動詞は名詞＋**に／へ**によって指定された場所を目指す移動を表す

を持つ動詞として用いられることがある。

第三に、**はなれる**について見る。[32] **札幌を はなれる**では、札幌をに出発地点の意味が与えられ、**札幌**において始められる移動が示されていたが[*19]、次の [99] のように、他の移動動詞が後続して、移動の始まりとその後の移

動を表す用法もある。

> [99] 信夫も学校に行こうと、<u>門</u>を<u>離れて</u><u>二、三歩</u><u>行っ</u>た時、うしろからけたたましく呼ぶ男の声がした。(『塩狩峠』162)

[99] **門を はなれる**では、**門を**に出発地点の意味が与えられ、**門**において始められる移動が示され、さらに、後続する**二、三歩 いく**によってその後の移動が示されている。二つの動詞によって、移動の始まりとその後の移動とが示し分けられている。**はなれる**は、出発性動詞として用いられる動詞の中でも、純粋に移動の始まりを表す動詞である、ということができる。

さて、**はなれる**には、距離を示す語句をともなって、**はなれて**＋動詞という形で連用修飾語的に、**はなれた**＋名詞という形で連体修飾語的に、二地点間の距離を表す用法がある。

> [100] 管理人の「工藤さん」が<u>二メートルほど</u>**はなれ**て、すくんだように立っている。(『丘の上の向日葵』201)
> [101] 吉川の家から、<u>二町ほど</u>**離れ**た所に下宿をし、週に一度は吉川の家を訪れる。(『塩狩峠』275)

[100]では、**管理人の「工藤さん」**が現在たっている場所と問題の場所の間の距離が**二メートルほど**であることが、[101]では、**吉川の家**と**下宿**の間の距離が**二町ほど**であることが示されている。[100]では移動が行われたかどうかは重要ではなく、[101]では移動は起こりえない。いずれの場合も、二地点間に一定の距離があることが示されているが、このような用法は、ある場所において始められる移動を表すことから、その結果として移動主体と

＊19 **はなれる**の使用に際して、移動が始められる場所を表すために、人を表す名詞＋**から**が用いられる場合がある。

> [4-3]「よしてよ、勝手に人の家に上がり込んで。<u>子どもから</u><u>離れて</u>よ」(『幻世の祈り』67)

出発地点との間に距離が生じること、さらに、二地点間に距離があることを表すように転義したと考えることができる。

　以上の考察に基づいて、出発性動詞として用いられる動詞の中で、特定方向性動詞として用いられない**さる**、**たつ**、**はなれる**の語義をその結合的特徴から規定する。出発性がこれらの動詞をまとめる語義の結合的特徴であり、それ以外がこの範疇内で各動詞を他の動詞から互いに区別する語義の結合的特徴である。

〔Ⅰ〕**さる**
（ⅰ）出発性動詞として用いられる場合
　結合する名詞＋をの名詞に出発地点の意味を与え、指定された場所において始められる移動を表す。
　　［32］札幌を さる

（ⅱ）到着性あるいは目的地点指定性を持つ場合
　名詞＋に／へとの結合において、指定された場所において終わる移動、あるいは、指定された場所を目指す移動を表す。
　　［95］待子の家に さる

（ⅲ）**さる**は、他にも、名詞と結合せずに移動前の居場所から存在しなくなることを表す場合がある。
　　［96］ウェイターが さる

　（ⅱ）（ⅲ）のように、名詞＋をと結合せず、出発性が語義の結合的特徴として現れていない場合でも、出発という特徴は**さる**の語義に常に保たれている（前掲の宮島（1972：289-290）からの引用参照）。

〔Ⅱ〕**たつ**
（ⅰ）出発性動詞として用いられる場合
　結合する名詞＋をに出発地点の意味を与え、指定された場所において始

められる移動を表す。
　　［94］日本を　たつ

（ⅱ）目的地点指定性を持つ場合
　結合する名詞＋に／へに目的地点の意味を与え、指定された場所を目指す移動を表す。
　　［97］アフリカに　たつ

　たつは、他にも、
（ⅰ）＋（ⅱ）として、目的地点指定性を併せ持つ出発性動詞として用いられる場合もある。
　　［98］フェリペ二世の許へ　ローマを　たつ

　移動の始まりつまり出発は、たつの語義にも常に保たれており、名詞＋に／へと結合すると、目的地点指定性動詞を併せ持つようになる。

〔Ⅲ〕はなれる
（ⅰ）出発性動詞として用いられる場合
　結合する名詞＋をに出発地点の意味を与え、指定された場所において始められる移動を表す。
　　［32］札幌を　はなれる、［99］門を　はなれる（門を　はなれて　二、三歩　いく）

　はなれるは、他にも、
（ⅱ）**はなれて＋動詞、はなれた＋名詞**等の形で、距離を示す語句をともなって、二地点間の距離を表す場合がある。移動開始の結果、出発地点との間に一定の距離ができることから転義したと考えることができるものである。
　　［100］二メートルほど　はなれて　たっている、［101］吉川の家から　二町
　　　ほど　はなれた　ところ

　出発性動詞として用いられる動詞の中で、特定方向性を持たないことに

よって下位範疇を形成する**さる、たつ、はなれる**は、
　〔Ⅰ〕**さる**は、名詞＋に／へとの結合が不可能ではない
　〔Ⅱ〕**たつ**は、名詞＋に／へと結合した場合に目的地点指定性を併せ持つようになる
　〔Ⅲ〕**はなれる**は、純粋な出発性動詞であるが、移動開始の結果を媒介に、二地点間の距離を表すために用いられる
という点で互いに異なっている。
　また、**はなれる**が二地点間の距離を表す場合には移動の有無が問題にならなくなるが、**さる、たつ**の語義には常に移動の始まりつまり出発が含まれている。

1.2　特定方向性を持つ出発性動詞

　でる、おりるは、〔４〕部屋を　でる、〔30〕タクシーを　おりるに見るように、結合相手の名詞＋をに出発地点の意味を与え、指定された場所における移動の始まりつまり出発を表す出発性動詞として、**さる、たつ、はなれる**とともに一つの範疇を形成し、さらに、〔11〕外へ　でる、〔91〕下に　おりるに見るように、特定の方向を表す名詞＋に／へと結合し、その方向において行われる移動を表す特定方向性を持つことによって、出発性動詞の中で下位範疇を形成している。
　ここでは、**でる、おりる**の語義を、その結合的特徴から検討する。
　第一に、**でる**について見る。出発性動詞として用いられる場合、特定方向性動詞として用いられる場合以外に、第１部第２章で次の例を見た。

　　〔17〕食堂から　廊下に出ると、すぐ右手にハッチがある。(『雲の宴（上）』４)
　　〔73〕全員は、いわれたとおり机の中に給料を入れた。そして、和倉一人が部屋に残り、全員は廊下に出た。(『塩狩峠』267)

　〔17〕食堂から　廊下に　でる、〔73〕廊下に　でるでは、結合している**廊下に**に到着地点の意味が与えられ、**廊下**において終わる移動が示されていた。これらの場合には、

到着地点指定性（到着性）
　名詞＋に／へに移動が終わる場所（到着地点）の意味を与えるという特性に現れる語義の結合的特徴で、動詞は名詞＋に／へによって指定された場所において終わる移動を表す

を持つ動詞として用いられている。一方、次の［61］**広場まで　でる**では、**広場**に至って終わる移動が過程的に示されていた。

　　［61］十時すぎに家のある駅におり、広場まで**出て**孝平は、暫く立ち止まった。（『丘の上の向日葵』50）

この場合には、

移動過程終了性
　名詞＋までと結合するという特性に現れる語義の結合的特徴で、動詞は終わりに至る移動を過程的に表す

を持つ動詞として用いられている。
　宮島（1972: 563-607）は、でるの用法と語義を極めて詳細に分析している[*20]。その中から、慣用句的でない用法をとりだしてみる。

〔A〕物体が他の物体から、または一定範囲の空間から、外に移動すること
（宮島（1972）において〔000〕とされているもの：うちを／図書館を／部屋を／寝床を／蚊帳を／境内を／町を　でる等（以上出発点明示）；山門を　でる（経由点明示）；硝子扉のそとに／おもてに　でる（到達点明示））

〔B〕ある地点からはなれること（出発：出発点が、ある広がりをもったものの内部から１点へとかわったもの）
（宮島（1972）において〔010〕とされているもの：江戸を／横浜を　でる等）

〔C〕ある場所にいくこと（到達：出発点ではなくて到達点に重点があるもの）
〔C-1〕外にある場所に「でる」こと（ある範囲の空間から外に移動することが、そのまま他の空間の中へいくことにつながるもの）
（宮島（1972）において〔020〕a）とされているもの：運動場に／廊下へ でる等）
〔C-2〕ある場所にいきつくこと
（宮島（1972）において〔020〕d）とされているもの：H・市まで でる；甲府から 東海道に でる 鎌倉往還の衢等）

　宮島（1972）による分析のうち、上で〔A〕とした「物体が他の物体から、または一定範囲の空間から、外に移動すること」を表す用法、〔C-1〕とした「外にある場所に「でる」こと」を表す用法では、中から外への移動が表

＊20　宮島（1972）の分析のうち、空間移動を示す用法は以下の通りである（下線引用者）。

〔000〕物体が他の物体から、または一定範囲の空間から、外に移動すること：うちを／図書館を／部屋を／寝床を／蚊帳を／境内を／町を でる等（以上出発点明示）；山門を でる（経由点明示）硝子扉のそとに／おもてに でる（到達点明示）
〔001〕あることをするために外出すること：家を さがしに でる等
〔002〕生活の場としてのある場所からはなれること：家を／下宿を でる等
〔010〕ある地点からはなれること（出発：出発点が、ある広がりをもったものの内部から1点へとかわったもの）：江戸を／横浜を でる等
〔011〕出発すること：交通公社本社前から でる 夜行バス等
〔020〕ある場所にいくこと（到達：出発点ではなくて到達点に重点があるもの）
a）外にある場所に「でる」こと（ある範囲の空間から外に移動することが、そのまま他の空間の中へいくことにつながるもの）：運動場に／廊下へ でる等
b）比較的遠くへ「でる」こと：沖へ／遠くに でる
c）はれがましい場所へ「でる」こと：食堂に／舞台で でる
d）ある場所にいきつくこと：橋を わたって、停車場近くへ でる：H・市まで でる、甲府から 東海道に でる 鎌倉往還の衢等
〔021〕しごとの場としてのある場所にいくこと：役場へ でる等
〔022〕人が でる　〔023〕電話（口）に でる
〔024〕料理などが人の前におかれること：午飯の膳が でる等
〔025〕大勢の人からみえるような場所にあること：蝙蝠が でる等
〔03〕前へすすむこと：前へ／さきに でる等

される。一方、〔B〕とした「ある地点からはなれること」を表す用法、〔C-2〕とした「ある場所にいきつくこと」を表す用法では、必ずしも中から外への移動が表されるわけではない。〔A〕の多くと〔B〕では名詞＋をとの結合が、〔C〕の多くでは名詞＋に／へとの結合が用いられる（上掲の宮島（1972）の例参照）。

　でるの語義において、中から外への移動を表すことと、出発性動詞あるいは到着性動詞として用いられることはどのような関係であろうか。**外に／へ**との結合において特定方向性動詞として用いられる場合を検討する。[11]**外へ でる**では**外へ**のみが**でる**と結合していた。一方、[22]では名詞＋**から**が**外に**と共起し、[102]では〇〇**の外に**が**でる**と結合している。

　　[22] 山椒魚は悲しんだ。
　　　　彼は彼の棲家である岩屋から 外に出てみようとしたのであるが、頭が出口につかえて外に出ることができなかったのである。今はもはや、彼にとっては永遠の棲家である岩屋は、出入口のところがそんなに狭かった。そして、ほの暗かった。（『山椒魚』8）
　　[102] 彼はどうしても岩屋の外に出なくてはならないと決心した。いつまでも考え込んでいるほど愚かなことはないではないか。今は冗談ごとの場合ではないのである。（『山椒魚』11-12）

　[22]**岩屋から 外に でる**では、岩屋において始められ、**外に**という方向で行われる移動が示されている。[102]**岩屋の外に でる**では、岩屋を基準としてその**外に**という方向で行われる移動が示されている。**岩屋から 外にでる**、**岩屋の外に でる**は、同一の移動を示している。

　同様に、[4]**部屋を でる**は、**部屋から 外に／へ でる**、**部屋の外に／へでる**と同一の移動を示す、ということができる。さらに、**廊下に でる**もこれらの結合と同一の移動を示すことになる。いずれも**部屋において始められ、廊下において終わる移動**である。

　　部屋を でる（出発性動詞としての用法）

第4章　語義の結合的特徴から見た移動動詞　　91

部屋から 外に／へ でる（特定方向性動詞としての用法）
部屋の外に／へ でる（特定方向性動詞としての用法）
廊下に でる（到着性動詞としての用法）

　これら四種類の結合によって同一の移動が示されるのは、移動が始められる場所（出発地点）と移動が終わる場所（到着地点）が「境界」をはさんで接していて、移動が「境界」の「中」において始められ、「外」において終わるためである、と考えることができる。このような用法は、宮島（1972：563-607）によるでるの記述から〔A〕、〔C‐1〕としたものである。
　でるが出発性動詞として用いられる場合、到着性動詞として用いられる場合について、別の面から検討する。
　以下の〔103〕‐〔105〕において、でるは、名詞＋をに出発地点の意味を与え、指定された場所において始められる移動を表す出発性動詞として用いられている。

〔103〕三上敦子が編集室を出ると、そこに冴子が蒼い顔をして立っていた。（『雲の宴（上）』252）

〔104〕ウィーン着は午後二時四十分。郡司はトルコ人やイタリア人の労働者が雑踏するプラットフォームを歩き、天井の高い駅を出ると、タクシーで、アンバサダー・ホテルに向った。（『雲の宴（上）』234）

〔105〕紺の部屋をでたのは四時だった。この時間なら道路がすいているし、五時前にはうちにつくので、ゆっくり風呂に入り、朝食もきちんととって、正しいかたちで一日を始められる。（『きらきらひかる』94）

　〔103〕編集室を でるでは、編集室をに出発地点の意味が与えられ、編集室において始められる移動が示されているが、この移動は同時に、編集室の中において始められ、編集室の外において終わるものでもある。〔104〕駅をでるでは、駅をに出発地点の意味が与えられ、駅において始められる移動が示されているが、この移動は同時に、アンバサダー・ホテルに むかうに

よって示されている移動の始まりの部分でもある。[105] **部屋を でる**では、**部屋を**に出発地点の意味が与えられ、**部屋**において始められる移動が示されているが、この移動は同時に、**うちに つく**によってその終わりの部分が示されている移動の始まりの部分でもある。

[103] **編集室を でる**におけるでるの反義語は、[106] に見るような**はいる**である。

　　[106] ベッドにアイロンをかけてくるわ、と言って、笑子は部屋に入ってしまった。(『きらきらひかる』34)

[106] **部屋に はいる**では、**部屋に**に到着地点の意味が与えられ、**部屋**において終わる移動が示されているが、この移動は同時に、**部屋の外**において始められ、**部屋の中**において終わるものでもある。出発地点である**部屋の外**と、到着地点である**部屋の中**は、境界をはさんで接している。

　これに対して、[104] **駅を でる**、[105] **部屋を でる**は、「中から外への移動」であることよりも、後続表現によって示される移動の始まりの部分であることが重要であろう。宮島 (1972) が「ある地点からはなれること（出発：出発点が、ある広がりをもったものの内部から１点へとかわったもの）」としている「江戸／横浜において始められる移動」「江戸／横浜の中から外への移動」を示す**江戸を／横浜を でる**は、この用法の極端な例であり、[105] で**うちに つく**が用いられていることに見るように、このでるの反義語はつくである。つくは、次の [107] にも見るように、到着性動詞である。

　　[107] 夕方には、信夫と仲人の和倉夫妻が札幌に着くはずである。(『塩狩峠』420)

[107] **札幌に つく**では、**札幌に**に到着地点の意味が与えられ、**札幌**において終わる移動が示されている。
　一方、以下の [108] - [110] におけるでるは、名詞＋に／へに到着地点の意味を与え、指定された場所において終わる移動を表す到着性動詞として

用いられている。

[108] なにか飲む、と訊いたら笑子はぼそっと、ダブル、とこたえた。酒ときゅうりを持って<u>ベランダに</u> <u>でる</u>。おふくろの言ったことは、とうぶん笑子には言わずにおこう、と思った。(『きらきらひかる』39)

[109] 路地から石地蔵の角を曲り、大通りと反対に<u>五十メートルほど坂を上ると</u>、木立の鬱蒼と茂った<u>墓地に</u> <u>出る</u>。(『雲の宴（上）』181)

[110] 大吉は、街灯だけがうつろに光っている<u>無人の道を</u>、あてずっぽうに<u>走っていると</u>、いつか広い<u>自動車道に</u> <u>出て</u>いた。(『雲の宴（上）』143)

　[108] **ベランダに でる**では、ベランダにに到着地点の意味が与えられ、ベランダにおいて終わる移動が示されているが、この移動は同時に、**部屋の中**において始められ、**部屋の外**であるベランダにおいて終わるものでもある。[109] **墓地に でる**では、**墓地に**に到着地点の意味が与えられ、**墓地**において終わる移動が示されているが、この移動は同時に、(五十メートルほど)**坂を のぼる**によって示される移動の終わりの部分でもある。[110] **自動車道に でる**では、**自動車道に**に到着地点の意味が与えられ、**自動車道**において終わる移動が示されているが、この移動は同時に、**無人の道を はしる**によって示される移動の終わりの部分でもある。

　[108] **ベランダに でる**では、ベランダの中から外への**移動**であることが重要であるが、[109] **墓地に でる**、[110] **自動車道に でる**では、**中から外への移動**であることよりも、後続表現が示す移動の終わりの部分であることが重要であろう。宮島（1972）による**でる**の分析のうち、〔C-2〕としたものは、このような用法の一つであると考えることができる。

　以上のような、でるが移動の始まりあるいは終わりの部分を表すために用いられる場合には、特定の格形式の名詞との結合関係だけでなく、他の動詞との関係という、より大きな文脈が関与しているであろう。

　第二に、**おりる**について見る。[30] **タクシーを おりる**では、タクシーを

に出発地点の意味が与えられ、**タクシー**において始められる移動が示されていた。一方、第1部第2章で見た［48］**階段を おりる**では、**階段を**に経由地点の意味が与えられ、**階段**において行われる移動が示されていた。

［48］二階の廊下でまた声をあげた。「すみませーん」
　　　誰もいなかった。「これで管理人といえるかよ」と憎まれ口をききながら階段をおりた。（『丘の上の向日葵』197）

階段は上から下への移動の**経路になる場所**である。**おりる**と結合している名詞＋**を**は、その種類によって、出発地点の意味を与えられる場合と、経由地点の意味を与えられる場合がある。［111］－［115］では、いずれも名詞＋**を**に出発地点の意味が与えられている。

［111］二人は、空色の制服を着たギャルソンが呼んだ車でカルティエ・ラタンまでゆき、大学前の広場で車を降りた。（『雲の宴（上）』134）
［112］電車の中でも二人はほとんど喋らなかった。田川典子は新宿駅で電車を降りた。（『雲の宴（上）』92）
［113］敦子は大村を連れて地下鉄を降り、タクシーを拾った。（『雲の宴（上）』369）
［114］エレベーターをおり、がらんとした長い廊下を歩いて自室の扉をあけた。（『悪霊の午後（上）』11）
［115］階段のある玄関に出ると、もう肇は車椅子をおりて二階へ上がりかけていた。（『丘の上の向日葵』88）

出発地点の意味が与えられている［30］**タクシー**、［111］**車**、［112］**電車**、［113］**地下鉄**、［114］**エレベーター**、［115］**車椅子**は、いずれも**乗物**を表す名詞である。一方、上で見たように、経由地点の意味が与えられている［48］の**階段**は、上から下への移動の**経路になる場所**を表す名詞である。

第1部では、動詞との結合において用いられている名詞の格形式に注目し、名詞＋に／へを場所を表す名詞＋に／へと、方向を表す名詞＋に／へに分

けたが、ここでは、場所を表す名詞をさらに、**乗物を表す名詞**、**経路になる場所を表す名詞**に分ける必要がある。動詞の語義を規定するために、結合している名詞の種類に注目しなければならない場合の一つである。

さて、出発性動詞として用いられる場合の**おりる**の反義語は**のる**[21]であり、経由性動詞として用いられる場合の**おりる**の反義語は**あがる、のぼる**である。

> [70] 菊地は<u>エレベーター</u>に**のって**、教えられた階で**おりた**。(『悪霊の午後（上）』172)
>
> [46] 返事がない。二階にもいそうもないが、気持ちのせくままに<u>階段</u>を**あがった**。(『丘の上の向日葵』197)
>
> [47] 容子が珍しくバテ気味で<u>階段</u>を**登っている**。(『六番目の小夜子』57)

[70] **エレベーターに のる**では、エレベーターにに到着地点の意味が与えられ、エレベーターにおいて終わる移動が示されていた。[70] **エレベーターに のる**と [114] **エレベーターを おりる**は、互いに反義関係にある。

[46] **階段を あがる**、[47] **階段を のぼる**では、**階段を**に経由地点の意味が与えられ、階段において行われる移動が示されていた。[46] **階段を あがる**、[47] **階段を のぼる**は、どちらも [48] **階段を おりる**と反義関係にある。これらの場合の**あがる、のぼる、おりる**は、いずれも経由性動詞として用いられている。このような反義関係にも、異なる語義の結合的特徴を持つ、**おりる**の多義語としての面が現れている。

なお、**おりる**には、乗物の外／下を表す名詞＋に／へとの結合において用いられる場合がある。

> [116] <u>プラットホーム</u>に**おりる**と、吉川が体をぶつけるようにして、信夫の肩を抱いた。

＊21　宮島（1972：270）は**のる**を「一般に「乗りものの中への移動」とは規定できず、「中または上」とせざるをえない」としている。

「よく来たなあ。ほんとうによく来た」(『塩狩峠』228)

　[116] **プラットホームに おりる**では、プラットホームにに到着地点の意味が与えられ、プラットホームにおいて終わる移動が示されているが、出発地点はそれまで乗っていた**列車**であって、**列車を おりる**と同一の移動を示すことになる。これは、出発地点と到着地点が接しているために複数の種類の結合によって同じ移動が示される**でる**の場合と同様である。
　以上のように、**おりる**は、[30] **タクシーを おりる**のように**乗物**を表す名詞＋**を**との結合において出発性動詞として用いられる場合と、[48] **階段を おりる**のように**経路になる場所**を表す名詞＋**を**との結合において経由性動詞として用いられる場合がある。また、[116] **プラットホームに おりる**のように到着性動詞として用いられる場合の**おりる**が、出発性動詞として用いられる場合の**列車を おりる**と同一の移動を示す場合がある。

2. 経由性動詞

　第 1 部では、

　経由地点指定性（経由性）
　　名詞＋**を**に移動が行われる場所（経由地点）の意味を与えるという特性に現れる語義の結合的特徴で、動詞は名詞＋**を**によって指定された場所において行われる移動を表す

を持つ動詞（経由性動詞）として、あるく、とおる、いく、ぬける、くぐる、こえる、すぎる、すすむ、はしる、まがる、まわる、もどる、よこぎる、わたる、あがる、のぼる、おりる、くだるを見た[*22]。ここでは、経由性動詞として用いられる動詞のいくつかについて、他の語義の結合的特徴を持つかどうかに基づいて、その語義を検討する。

2.1　他の語義の結合的特徴を持たない経由性動詞

　経由性動詞として用いられる動詞の一つに、**とおる**があった。

[5] 照美も小さい頃はよくこの穴を通って庭へ遊びに行った。(『裏庭』6)

[23] 学校に入るには、長い坂を登り、橋を渡って正面から入る方法と、駅から一直線に国道の下の川べりを通り、校庭の方からあまり使われていない崖下の細い階段を登っていく方法とがある。(『六番目の小夜子』292)

[34] 吉川の家には信夫の家のような門も庭もない。信夫の屋敷の三分の一もない三間ほどの二戸建ての家である。よしずでかこった出窓に植木鉢が並べられ、窓のすぐそばを人が通る。(『塩狩峠』61)

[5] 穴を とおる、[23] 駅から 川べりを とおる、[34] 窓のすぐそばを とおるでは、名詞＋をに経由地点の意味が与えられ、指定された場所において行われる移動が表されていた。

名詞＋に／へととおるの結合は不可能ではない。[117] 客間に とおるでは、客間にに到着地点の意味が与えられ、客間において終わる移動が示されている。

[117] 待子とふじ子は、すぐに客間には通らずに、何か親しそうに玄関で笑いあっている。(『塩狩峠』192)

＊22　第1部第2章第二節で見たように、奥田（1968-72）は、経由地点を表す名詞＋をと結合する動詞を、
　「うつりうごくところをあらわす連語」をつくる動詞
　　いく　くる　もどる　のぼる　あがる　おりる　くだる　まわる　まがる　すすむ　むかう（以上、「移動動作を方向性という観点からとらえている」動詞）
　　あるく　はしる　はう　およぐ　とぶ　すべる　つたう　たどる（以上、「移動動作を様態という観点からとらえている」動詞）
および、
　「とおりぬけるところをあらわす連語」をつくる動詞
　　とおる　わたる　こえる　ぬける　すぎる　へる　よこぎる
というグループに分けている。

これは、**部屋**を表す名詞＋に／へとの結合において用いられる慣用句的用法であろう。**とおる**は通常、名詞＋をに経由地点の意味を与え、指定された場所において行われる移動を表す経由性動詞として用いられる動詞である。

2.2　到着性を持つ経由性動詞

ぬける、わたるは、第1部第2章で見たように、経由性動詞として用いられる動詞である。

  ［35］急いで中央待ち合い室を抜け、入り口のところに行くと、担架は
    もう、かつぎこまれたあとだった。（『夏の庭』43）
  ［45］色とりどりの傘をさした男女がまるで蟻の行列のように横断歩道
    をわたり尾張町の方向にすすんでいく。（『悪霊の午後（上）』9）

［35］**中央待ち合い室を　ぬける**では、**中央待ち合い室**をに経由地点の意味が与えられ、**中央待ち合い室**において行われる移動が、［45］**横断歩道を　わたる**では、**横断歩道**をに経由地点の意味が与えられ、**横断歩道**において行われる移動が示されていた。

第1部では、［16］**満州へ　わたる**のように、**わたる**が到着性動詞として用いられる場合を見たが、**ぬける**にも到着性動詞として用いられる場合がある。

  ［16］　その家から満州へ渡った。（『幻世の祈り』83）
  ［118］「どうしたの」と小さく叫ぶ彼女の手を引いて、私は駆け出した。
    橙色に輝く節分祭の明かりの中から、はやく町中へと抜け出そう
    と、ただ懸命に駆け続けた。東大路へ抜けるまで、決して彼女の
    手を離さなかった。（『きつねのはなし』85）

［16］**満州へ　わたる**では、**満州**へに到着地点の意味が与えられ、**満州**において終わる移動が示されていた。［118］**東大路へ　ぬける**においても、**東大路**へに到着地点の意味が与えられ、**東大路**において終わる移動が示されてい

る。

　このように、**ぬける**、**わたる**には経由性動詞として用いられる場合、到着性動詞として用いられる場合があるが、到着性動詞として用いられる場合には、移動が終わる場所（到着地点）は移動が行われる場所（経由地点）の終わりの場所である、ということができる。移動が行われる場所（経由地点）は、[16] **満州へ わたる**では（日本と満州の間の）海であり、[118] **東大路へ ぬける**では節分祭が行われている場所である。したがって、[16] **満州へ わたる**は（日本と満州の間の）海を わたると、[118] **東大路へ ぬける**は節分祭が行われている場所を ぬけると同一の移動、つまり経由地点の端までの移動を表すことになる。

2.3　到着性・移動過程終了性を持つ経由性動詞

　第1部では、**いく**、**すすむ**の以下の用法を見た。

〔ⅰ〕経由性動詞として用いられる場合
　[6] **地面を いく**では**地面を**に、[39] **廊下を すすむ**では**廊下を**に経由地点の意味が与えられ、指定された場所において行われる移動が示されていた。

　　[6] 苔の生えたすべりやすい<u>地面を</u>行くと、やがて塀の際に着いた。
　　　　（『異人たちの館』204）
　　[39] 受付でいわれた通りに<u>廊下を</u>すすむと、すぐ人の通りは減って、
　　　　内科の受付に出た。（『丘の上の向日葵』285）

〔ⅱ〕到着性動詞として用いられる場合
　[5] **庭へ いく**では**庭へ**に、[68] **居間へ すすむ**では**居間へ**に到着地点の意味が与えられ、指定された場所において終わる移動が示されていた。

　　[5] 照美も小さい頃はよくこの穴を通って<u>庭へ</u>遊びに**行った**。（『裏庭』
　　　　6）
　　[68] 馬見原は、無造作に靴を脱いで上がり、<u>居間へ</u>**進んだ**。（『幻世の祈

り』84)

〔ⅲ〕移動過程終了性動詞として用いられる場合
　［3］ハッチまで いくではハッチに至って終わる移動が、［57］少女の前まで すすむでは少女の前に至って終わる移動が過程的に示されていた。

　　　［3］郡司は、食堂から出て、トルコの海峡管制官が下りていったハッチまで行き、そこで立ちどまった。（『雲の宴（上）』419）
　　　［57］駒田が口のなかで何やら文句を言ったようだったが、あえて聞こえないふりをして、少女の前まで進み、
　　　　「大丈夫？　どこか痛い」
　　　　彼女と同じ目の高さになって訊ねた。（『幻世の祈り』18）

〔ⅳ〕名詞＋に／へによる方向において行われる移動を表す場合
　［83］上へ いくでは上へという方向において行われる移動が、［12］前へ すすむでは前へという方向において行われる移動が示されていた。

　　　［83］どうやらこの駐車場にはいないようだが、上へ行くと逢う予感が、自分でもおかしいほど湧いてくる。（『丘の上の向日葵』43）
　　　［12］信夫は、
　　　　（前へ進め！　前へ進め！）
　　　　と、繰り返し、号令をかけながら、走っていた。（『塩狩峠』133）

　いく、すすむは、方向を表す名詞＋に／へと自由に結合する。第１部第２章では、いく、すすむは、名詞＋をに経由地点の意味を与え、指定された場所において行われる移動を表す経由性、名詞＋までとの結合において指定された場所に至って終わる移動を過程的に表す移動過程終了性を併せ持つために、このような結合において用いられうる、と考察した。経由地点を指定し、その移動を過程的に表すので、移動の方向が確定される。
　また、

第４章　語義の結合的特徴から見た移動動詞

〔i〕+〔iv〕移動が行われる場所（経由地点）を表す名詞＋**を**、移動が行われる方向を表す名詞＋**に／へ**と同時に結合している場合もあった。

[10]「この<u>奥を</u> <u>芹生の里のほうに</u> **行ってください**」（『悪霊の午後（上）』80）

[55] 二つ先の駅に行く道はいくつかあったが、常識的には駅前に出て陸橋を渡り、大きな<u>団地脇を</u> <u>西に</u> **進む**ことになる。（『丘の上の向日葵』253）

[10] 奥を 芹生の里のほうに いくでは、奥において芹生の里のほうにという方向で行われる移動が、[55] **団地脇を 西に すすむ**では、**団地脇**において**西に**という方向で行われる移動が示されていた。これらの結合においては、名詞＋**を**に経由地点の意味が与えられ、その指定された場所において行われる移動に、移動が行われる方向についての情報が加えられている。

以上見てきたように、**いく**と**すすむ**は、経由性動詞、到着性動詞、移動過程終了性動詞として用いられ、これらの語義の結合的特徴を持つという点で語義が重なり合う動詞である。**いく**には、宮島（1972）に「話し手に対する方向」として言及されている、到着地点が話し手・書き手の「ここ」と一致しないという個別的な語義の特徴があり、それによって**くる**と反義関係にある。では、**すすむ**の語義においては、「方向」はどのようなものであろうか。

[120] 役人はチョークで大吉と敦子の旅行鞄に×印をつけた。
黒人は、その二つの鞄を持つと、泳ぐように、群衆のあいだを分けて**進み**、旅券（パスポート）コントロールのほうへ向った。（『雲の宴（下）』178）

[120] では、**すすむ**は特定の格形式の名詞と直接結合していない。この場合の**すすむ**は、単に「前への移動」を表している。宮島（1972）は、このような「前への移動」を次のように規定している。

以上のように、「すすむ」とは前に移動することだと規定するとき、その「前」とは、かならずしも静止した状態で決定された方向ではない。いわば、それがすすんでいくことによって前後が決定するのである。とすれば、「すすむ」を「前への移動」と規定するのは、同義反復であって、むしろ「一定方向への移動」と規定すべきかもしれない。(宮島(1972：265)、下線引用者)

　宮島(1972)の規定によれば、「前」とは移動する主体が「すすんでいくことによって」「決定」される「一定方向」のことである。**すすむ**によって示される移動の「一定方向」は、経由地点が指定されれば必然的に決定される、ということができる。
　いくと**すすむ**のその他の相違点を検討する。「一定方向において行われる移動」を表す**すすむ**が移動距離を示す表現とともに用いられる場合がある。

[121]　タイヤが橋板の上に乗り、重量が吊り橋全体にかかったとき、橋の懸架ケーブルは、異様な音を立てて、軋んだ。橋全体がトラックの重さを支えて、ぎりぎりまで、張りつめたのだった。やがて車輪が、ゆっくり、ゆっくり、動き出した。
　　　　十メートル進んだ。やがて二十メートルに達した。暗くて何も見えないが、川の流れの真上にきているはずだった。(『雲の宴(下)』135)
[122]　正午になって、メーターは約百キロ進んだことを示した。
　　　「休みましょうか、しばらく」
　　　郡司は、その時、はじめて三上敦子のほうに声をかけた。(『雲の宴(下)』515)

　[121] **十メートル　すすむ**では**十メートル**によって、[122] **約百キロ　すすむ**では**約百キロ**によって移動距離が明示されていて、それぞれ、**十メートル**、**約百キロ**「一定方向」に移動することが表されている。
　ある距離を「一定方向」に移動することは、以下の[123] - [125] に見

るように、**いく**によって表される場合もある。

[123]「この先なんだ。坂を上りきって、十字路を右折して、少し行くと左に保養所みたいなコンクリートのビルがあるだろ。その先を、とかいうことはどうでもいいけど、話をね、逢って、していた、浮気とかいうことはない」(『丘の上の向日葵』190)

[124] 信夫も学校に行こうと、門を離れて二、三歩行った時、うしろからけたたましく呼ぶ男の声がした。ふり返ると先ほど父を乗せて家を出たいつもの車屋であった。車夫は、人力車を曳いていない。信夫はさっと背筋が冷たくなった。何かが父の上に起こったのだ。(『塩狩峠』139)

[125] たぶん寝坊ばかりしているので、ゴミが出せないのだろう、そう思ったぼくは、玄関の前まで行くと、そのへんに放りだされたままのゴミ袋を集めはじめた。今日は月曜日。十メートルほど行ったところの電柱まで持って行けば、OKだ。(『夏の庭』50)

[123] **少し いく**では**少し**によって、[124] **二、三歩 いく**では**二、三歩**によって、[125] **十メートルほど いく**では**十メートルほど**によって移動距離が明示されていて、それぞれ、**少し、二、三歩、十メートルほど**「一定方向」に移動することが表されている。前掲の [121] [122] **移動距離＋すすむ**では、ある距離を移動することのみが表されていたが、**移動距離＋いく**が用いられる場合には、[123] では**左に…ビルが ある**、[124] では**うしろから…男の声が した**、[125] では**…電柱**が後続していて、移動がある距離行われたところで、何らかの形で中断されることが表されている。**いく**が「一定方向の移動」を表している場合には、移動の過程に何らかの区切りがある、ということができる。

いくについてさらに検討する。以下の [126] – [128] では、名詞と結合していない**いく**が「ここ」から不在になることを表している(さるに関する宮島(1972: 289-290)の記述参照)。

[126]「今の聞いた？」山下が、横目でぼくを見ている。「やっぱり女って、得してる」
「かもね」
じゃあがんばってね、とぼくらににっこりすると、ふたりは**行ってしまった**。(『夏の庭』77)
[127]「お待たせ、**行きましょ**」
津村沙世子が駆け寄ってきた。その人見知りしないあけっぴろげな笑顔に、美香子は一瞬後れがした。
「どこに行く？　ケーキでも食べようか。『アントワーヌ』はどう？」
「ええ、そうね。それがいいわ」
誘った方であるはずの美香子がとまどいつつ従う。(『六番目の小夜子』228)
[128]「今晩だけでいいんです。一晩だけ、そこに泊めてください」
山姥は黒ずんだ腕を洞窟の外に出して、振り回した。
「**行け……行けっ**」
黄ばんだ歯の間から、言葉が洩れた。そういう言葉を発したことに、山姥自身も驚いたように、はたと口を噤んだ。しかし次の瞬間、さらに大きな声で怒鳴った。
「**行けっ、行けっ、行ってしまえ**」(『山姥（上）』273)

［126］では**いってしまった**によって、［127］では**いきましょ**によって、［128］では**いけ**によって移動してその場所から不在になることが表されている。**いく**の語義においては、このような用法はどんな位置を占めているのであろうか。

第1部第2章では、宮島（1972：291-294）による「地点」「方向」という観点からの**かえる**と**もどる**の違いについての以下の分析を見た。

（1）「他人の家を辞去する」という現象には、「かえる」だけがつかわれる。

（2）目的地が問題にならず、単なる後退をあらわすばあいには、「もどる」だけがつかわれる。
（3）「もどる」の目的地は、比較的ちかいことが多い。（以上、宮島（1972：290-292））

　宮島（1972）は、この根拠を「重点のおきどころのちがい」に求めていた。もう一度引用する。

　　…その重点とは、「かえる」のばあいは本拠への帰還ということであり、「もどる」にあっては逆方向への移動ということである。…
（1）「かえる」だけが「辞去する」ことをあらわすのは、「かえる」の中に本拠（すなわち多くのばあいは自宅）へいくということが含まれているので、単に「かえった」といっただけで、自宅への帰還が暗示されていたためであろう。…
（2）単なる後退が「もどる」でしかあらわされないことは、端的にこの両語の重点のちがいを示している。
（3）国のような大きな目的地への移動に「もどる」がつかわれないことは、こういうばあいに距離がとおく、前に「きた」ときの移動との時間的なへだたりも大きいので、その前の移動との対比において方向が逆だという関係がうすくなるためかと思われる。…（以上、宮島（1972：293））

　この場合の「重点のおきどころ」とは、ある場所への移動であるか、一定方向における移動であるか、と解釈することができる。この分析を**いく**と**すすむ**の違いについて応用してみる。

〔A〕**いく**の語義は、通常、移動の終わりつまり到着を含むため、移動全体が成立しているものとみなされて、到着地点を表す名詞＋に／へとの結合において用いられる。表されているのが移動の始まりつまり出発の場合であっても、移動全体が成立するとみなされ、**いく**を「ここから」不在になる

ことを表すために用いることができる。これに対し、**すすむ**は、実際に行われた移動しか示すことができない。

〔B〕名詞＋に／へといくの結合によって表されるのは、指定された場所において終わる移動である。**いく**が用いられている場合、表されているのが単なる「一定方向の移動」であっても、その移動が何らかの形で中断されることを含んでいる。これに対して、移動の終わりつまり到着に言及しない場合、あるいは純粋に「一定方向の移動」を表すためには、**すすむ**が用いられる。

さらに、**いく**は、〔6〕に見るように、経由地点を表す名詞＋をとの結合においていくと等の形で用いられる場合、移動の過程に何らかの要因による中断が含まれるが、**すすむ**は、〔129〕−〔131〕に見るように、経由地点を表す名詞＋をとの結合においてどのような形でも用いられる。

〔6〕　苔の生えたすべりやすい<u>地面</u>を**行く**と、やがて塀の<u>際</u>に**着**いた。
　　　（『異人たちの館』204）

〔129〕中津川浩のランドクルーザーは、カルファから最短距離をとって首都に向った。
　　　往きは、それでも村から村への道を辿ったが、帰りは、すこしでも遠回りになりそうだと、村落には立ち寄らず、三人の黒人技術者の熟練と羅針盤を頼って、<u>砂漠の道</u>を**進**んだ。（『雲の宴（下）』350-351）

〔130〕懐中電灯で橋のあちこちを点検していたアルファが、二台目のトラックに、前進を命じた。
　　　二台目も、のろのろと、ぎこちなく<u>吊り橋の上</u>を**進**み、鈍感で不器用な昆虫のように、ためらいながら、渡りきった。（『雲の宴（下）』136）

〔131〕津村沙世子は拍手に溢れる講堂の中の<u>通路</u>をゆっくりと**進**みながら、ぼんやりとさまざまなことを思い起こしていた。（『六番目の小夜子』317）

[129]では、**砂漠の道**において行われる移動が**すすんだ**という形で、[130]では、**吊り橋の上**において行われる移動が**すすみ**という形で、[131]では、**通路**において行われる移動が**すすみながら**という形で示されている。経由地点を表す名詞+**を**との結合における**すすむ**は、どのような形でも用いられ、移動の過程に何らかの中断が含まれる必要はない。

2.4　移動過程終了性を持つ経由性動詞

　あるくについては、第1部第2章で経由性動詞として用いられる場合、移動過程終了性動詞として用いられる場合を見た。

　　[33]　秋陽のまぶしい<u>札幌の町を</u>、信夫は急ぎ足で**歩いていた**。(『塩狩峠』259)
　　[76]　馬見原は、顔を戻し、振り返ることなく<u>駅まで</u>**歩いた**。(『幻世の祈り』79-80)

　[33]**札幌の町を　あるく**では、**札幌の町を**に経由地点の意味が与えられ、**札幌の町**において行われる移動が示されていた。[76]**駅まで　あるく**では、**駅**に至って終わる移動が過程的に示されていた。名詞+**を**、名詞+**まで**が共起して**あるく**と結合し、経由性と移動過程終了性が同時に現れている次の例も見た。

　　[2]　郡司薫は、黒人たちが集う<u>海岸通りを</u>、<u>端から　端まで</u>、**歩いた**。
　　　　(『雲の宴(下)』30)

　[2]**海岸通りを　端から　端まで　あるく**では、**海岸通りを**に経由地点の意味が与えられ、**海岸通り**において行われ、その一方の**端**で始められてもう一方の**端**で終わる移動が過程的に示されていた。
　あるくが**いく**、**すすむ**同様、移動が行われる方向を表す名詞+**に／へ**と自由に結合することも見た。[*23]

[86] いいながら智子は、漸く台所の方へ歩いた。(『丘の上の向日葵』208)
[87] ホテルを出て真っ暗な車道を横断し、彼はTBSの方向に歩いた。
(『悪霊の午後（上）』217)
[88] 馬場大門の欅並木の歩道を、大国魂神社の方へ歩く。(『丘の上の向日葵』275)

[86] 台所の方へ あるくでは、台所の方へという方向で行われる移動が、[87] TBSの方向に あるくでは、TBSの方向にという方向で行われる移動が、[88] 歩道を 大国魂神社の方へ あるくでは、歩道において大国魂神社の方へという方向で行われる移動が示されていた。いく、すすむと同様、経由性と移動過程終了性を併せ持つためであろう。
　以上の点では、あるくはいく、すすむと同じ語義の結合的特徴を持つが、到着地点を表す詞＋に／へと通常結合しない、あるいは[75] 椅子に あるくのように、結合しても変則的な用法であって、到着性動詞として用いられない、という点がいく、すすむと異なっている。

[75]「座って」
「ああ。そっちにいるなら、そっちに行こう」
居間のソファではなく、台所に近い食卓の椅子に孝平は歩いた。
(『丘の上の向日葵』209)

2.5 特定方向性を持つ経由性動詞

　おりると結合している名詞＋をは、名詞の種類に応じて、出発地点を表す場合と経由地点を表す場合がある（本章1.2）。[30] タクシーを おりるでは、タクシーをに出発地点の意味が与えられ、タクシーにおいて始まる移動が示されていて、おりるは出発性動詞として用いられていたのに対して、[48] 階段を おりるでは、階段をに経由地点の意味が与えられ、階段において行

＊23　移動が行われる方向の表現には、次のものもある。
[4-4] 花宮雅子はゆっくりと校門に向かって歩いていた。(『六番目の小夜子』19)

われる移動が示されていて、**おりる**は経由性動詞として用いられていた。
　以下の例では、**おりる**が経由性動詞として用いられる場合に表されるのと同等の移動が表されていた。

[4] 洋服を着かえ、部屋を出て<u>ロビーに</u>**おりる**とすでに府中や英子や出迎えに来てくれた男が立っていた。(『悪霊の午後（上）』107)

[59] 平生は滅多にこの部屋には人を入れなかったが、今日はわざわざ<u>ロビーまで</u>**おりる**のが面倒くさかった。(『悪霊の午後（上）』63)

[91]「駄目ですよ、佐々木さん。いつも言ってることですけどね、猫に何かやるのはいいんですよ。だけど上から放るのはやめてちょうだい。ちゃんと<u>下に</u>**降りて**、決まったとこでやってちょうだい」
(『ポプラの秋』50)

　[4]**ロビーに おりる**では、**ロビーに**に到着地点の意味が与えられ、ロビーにおいて終わる移動が示されており、**おりる**は到着性動詞として用いられていた。[59]**ロビーまで おりる**では、ロビーに至って終わる移動が過程的に示されており、**おりる**は移動過程終了性動詞として用いられていた。[91]**下に おりる**では、**下に**という方向で行われる移動が示されており、**おりる**は特定方向性動詞として用いられていた。**おりる**は、語義の結合的特徴から見ると、経由性動詞、到着性動詞、移動過程終了性動詞、特定方向性動詞として用いられるが、同等の移動が表されうる。
　以上のうち、経由性動詞として用いられる場合、到着性動詞として用いられる場合をさらに検討する。まず、経由性動詞として用いられる場合を見る。

[132] そのイメージを必死に追い払い、秋はゆっくり<u>石段を</u>**降り**、河原を見回した。もちろん、いまやあの惨劇を示唆するものは何も残っていない。(『六番目の小夜子』270)

[133]「信江さんは？」
　　　「どうかした？」
　　　芙美と孝平は同時に口をひらいた。

「帰りました」
　　肇はおだやかに微笑した。体操のあとのような上気した気持ちの
　よさそうな顔をしている。この子は、どこかおかしい。自分でも
　いっていたが、感情が普通ではない。
　　「どこから？」と芙美がきいている。
　　「そこから坂をおりて。コンビニエンス・ストアでのりを買うそ
　うです」と肇は孝平にいった。(『丘の上の向日葵』148)
　[134] 駿河台の坂路をおりながら菊地はあの南条英子のいかにも温和し
　　　い姿を思いうかべた。(『悪霊の午後（上）』127)

　経由地点を表しているのは、[132] 石段を、[133] 坂を、[134] 坂路をで
ある。[48] 階段、[132] 石段、[133] 坂、[134] 坂路は、いずれも上から
下への移動の経路になる場所を示す名詞である（本章1.2、および、宮島（1972：
523）ののぼるについての記述の「ななめになった通路」参照）。
　次に、到着性動詞として用いられる場合を見る。

　[135] 秋は一階に降りて、母親に白い封筒を分けてもらうと、そこに例
　　　の手紙を移した。(『六番目の小夜子』313)
　[136] 八時頃、やっと仕事の半分を終えた時、軽い疲労と空腹をおぼえ、
　　　一階のスナックにおりてつめたい麦酒（ビール）とコールド・
　　　ビーフとをたのんだ。(『悪霊の午後（上）』31)

　到着地点を表しているのは、[135] 一階に、[136] 一階のスナックにであ
る。[135] 一階、[136] 一階のスナックは、いずれも移動が始められる場所
よりも相対的に低い場所を示す名詞である。
　特定方向性動詞として用いられている [91] 下に おりるの場合には、下
にという移動が行われる方向が明示されていたが、経由性動詞として用い
られている場合には、経由地点が階段、石段、坂、坂路のような上から下への
移動の経路になる場所であり、到着性動詞として用いられている場合には、
到着地点が移動が始められる場所よりも相対的に低い場所である、という点

第4章　語義の結合的特徴から見た移動動詞　　*111*

に上から下へという方向が現れている。

　上から下への移動を表す**おりる**に対して、下から上への移動を表すという点で反義関係にある動詞として、**あがる**、**のぼる**を挙げることができる。

　第1部では、**あがる**が経由性動詞、到着性動詞、特定方向性動詞として用いられる場合があることを見た。

[46]　返事がない。二階にもいそうもないが、気持ちのせくままに<u>階段を</u>あがった。(『丘の上の向日葵』197)

[71]　翌朝、信夫は三堀峰吉の家を訪ねた。峰吉は眠い目をこすりながら、ふきげんな顔で起きてきた。しかし信夫はかまわずに、自分から進んで<u>茶の間に</u>上がり、峰吉とその母を前に言葉を切った。(『塩狩峠』277)

[90]　上条時子がひきとって「ああ亜沙実ちゃんじゃあさ、<u>上に</u>あがってもらったら。掃除やなんか、まだだいぶかかるの?」と、子供を相手にするような口調で尋ねた。(『九月が永遠に続けば』398)

[46]　**階段を あがる**では、**階段を**に経由地点の意味が与えられ、**階段**において行われる移動が示されており、**あがる**は経由性動詞として用いられていた。[71] **茶の間に あがる**では、**茶の間に**に到着地点の意味が与えられ、**茶の間**において終わる移動が示されており、**あがる**は到着性動詞として用いられていた。[90] **上に あがる**では、**上に**という方向で行われる移動が示されており、**下に／へ**との結合が不可能な**あがる**は、特定方向性動詞として用いられていた。

　あがるが経由性動詞として用いられる場合、到着性動詞として用いられる場合をさらに検討する。まず、経由性動詞として用いられる場合を見る。

[137]　女は、玄関への三段ほどの<u>石段を</u>あがりながら、ハンドバッグをひらいている。(『丘の上の向日葵』31)

[138]　鍵蔵は、近くにしかけたもうひとつの虎挟みを調べに行った。そちらは何もかかってなかった。最後に、山の<u>斜面を</u>少し<u>上がった</u>

ところに置いた兎罠を見に行った。(『山妣(上)』106)

経由地点を表しているのは、[137] **石段を**、[138] **斜面を**である。[46] **階段**、[137] **石段**、[138] **斜面**は、いずれも下から上への移動の**経路になる場所**である。
次に、到着性動詞として用いられる場合を見る。

[139] 少女が顔を上げようとしないのが気になり、
「すみません、上がらせていただきます」
游子は、返事もきかずに靴を脱ぎ、部屋に上がった。(『幻世の祈り』18)
[140] 「ああいう女がいるんだよなあ」
むしろうんざりした思いだったが、目がはなせなかった。女は歩道に上がり、信用金庫のビルに近づき、角を曲がりかけて、ぐらりとビルに手をついて、立ち止まった。(『丘の上の向日葵』24)
[141] 「なんにもいわないじゃない。帰って来て怒ったみたいに服脱いで、あっという間に二階にあがって、私があがって行くと眠ったふりをして」(『丘の上の向日葵』152)
[142] エレベーターで三階の共同廊下へあがるとすぐに、東端の自宅の部屋のドアを開けて、智が立っているのが見えた。(『火車』8)

到着地点を表しているのは、[139] **部屋に**、[140] **歩道に**、[141] **二階に**、[142] **(三階の) 共同廊下へ**である。[71] **茶の間**、[139] **部屋**、[140] **歩道**、[141] **二階**、[142] **(三階の) 共同廊下**がいずれも移動が始められる場所よりも**相対的に高い場所**である。

上に／へと結合せず、特定方向性が現れていない場合でも、**あがる**が経由性動詞として用いられている場合には、経由地点が**階段、石段、斜面**のように下から上への移動の**経路になる場所**であり、到着性動詞として用いられている場合には、到着地点が移動が始められる場所より**相対的に高い場所**である、という点に**下から上へ**という方向が現れている。

第4章 語義の結合的特徴から見た移動動詞

一方、のぼるは、経由性動詞、到着性動詞、移動過程終了性動詞として用いられる場合があることを第1部で見た。

[47] 容子が珍しくバテ気味で階段を登っている。(『六番目の小夜子』57)
[72] 冴子は人気のない超高層ビルの最上階に登ると、深夜営業の喫茶店に入り、窓際の席に坐った。(『雲の宴（上）』394)
[60] 「じゃ八階まで階段で登るわけ？」(『雲の宴（上）』16)
[52] 馬見原は、研司を背負ったまま、狭い階段を 四階までのぼった。
　　（『幻世の祈り』60)

[47]**階段を のぼる**では、**階段を**に経由地点の意味が与えられ、**階段**において行われる移動が示されており、**のぼる**は経由性動詞として用いられていた。[72]**最上階に のぼる**では、**最上階に**に到着地点の意味が与えられ、**最上階**において終わる移動が示されており、**のぼる**は到着性動詞として用いられていた。[60]**八階まで のぼる**は、**八階**に至って終わる移動が過程的に示されており、**のぼる**は移動過程終了性動詞として用いられていた。[52]**階段を 四階まで のぼる**のように、**階段を**と**四階まで**が共起してのぼると結合し、**階段**において行われ**四階**に至って終わる移動を過程的に示す、経由性と移動過程終了性を併せ持つ場合もあった。

[143] **木の上に のぼっている**では、移動の結果として**木の上**に存在（「滞在」[*24]）することが示されているが、行われたのは**木の上に のぼる**という**木**を基準としてその**上**という方向において行われる移動であり、**あがる**同様**下に／へ**との結合が不可能な**のぼる**は、特定方向性動詞として用いられている。

[143] 「信夫さん、おやつですよ」
　　菊の呼ぶ声がした。澄んだ声である。いちょうの木の上に登っている信夫と吉川修には、縁側に立っている菊のすらりとした姿が見える。菊は方角ちがいの方をみて呼んでいる。(『塩狩峠』74)

なお、**木の上**には、移動の結果としての存在を表す**のぼっている**との結合において、**木を基準とする相対的な位置**をも表している。

のぼるが経由性動詞として用いられる場合、到着性動詞として用いられる場合をさらに検討する。まず、経由性動詞として用いられる場合を見る。

[144] 信夫は坂道をのぼりながら、珍しそうに行き交う人を眺めた。
(『塩狩峠』25)

[145]「おうちは駅の──」どちら側？　というように女が掌を左右に向けた。
「こっちです」
進行方向の右手を指す。
「私も」
「そうですか」
「でも遠いんです。坂を上っておりて、もう一つ坂をのぼって丘の上」(『丘の上の向日葵』20)

経由地点を表しているのは、[144]**坂道を**、[145]**坂を**である。[47]**階段**、[144]**坂道**、[145]**坂**は、いずれも下から上への移動の**経路になる場所**である。

次に、到着性動詞として用いられる場合を見る。

[146]「たしか三階の筈ですね」
「そう……」
「カーテンがどの窓もしまっているんで、いるのかいないのか、これじゃわかりませんが……」

＊24　奥田（1988：13）は「滞在」を以下のように規定している。「移動動作をさししめしている変化動詞のばあいでは、結果的な状態は《到着地での滞在》である。移動動詞の継続相は、移動動作が完結して、し手がそこに滞在していることをあらわしているのだが、その完成相は限界への到着をあらわしている。」(下線引用者；「継続相」＝している形式、「完成相」＝する形式)

その三階にのぼってみようかと藤綱が考えているうちに、菊地は
もう勝手になかに入っていた。(『悪霊の午後(上)』147)
[147] 二人は物置のうらの銀杏の木に登った。庭で遊ぶ待子とふじ子の
姿が見えた。(『塩狩峠』73)

　到着地点を表しているのは、[146]三階に、[147](銀杏の)木にである。
[146]三階、[147](銀杏の)木は、どちらも移動が始められる場所よりも**相
対的に高い場所**である。
　のぼるが経由性動詞として用いられる場合には、経由地点は**階段、坂道、
坂**のように下から上への移動の**経路となる場所**であり、到着性動詞として用
いられる場合には、到着地点は移動が始められる場所よりも**相対的に高い場
所**である、という点に**下から上へ**という方向が現れている。
　以上のように、**あがる**と**のぼる**は、名詞＋をに経由地点の意味を与え指
定された場所において行われる移動を表す経由性動詞として、名詞＋に／
へに到着地点の意味を与え指定された場所において終わる移動を示す到着性
動詞として、**上に／へ**との結合において下から上への移動を表す特定方向性
動詞として用いられる、という点で語義が重なり合う動詞である。**あがる**と
のぼるの違いについては、これまでにさまざまな研究がなされてきたが[*25]、
ここでは名詞＋までとの結合において指定された場所に至って終わる移動
を過程的に表す移動過程終了性動詞として用いられるかどうかに注目する。

[*25]　たとえば山田(1976：14-16)は、**あがる**が名詞＋にと、**のぼる**が名詞＋をと結
合することから、**あがる**を「到達点に焦点を合わせる」、**のぼる**を「経路に焦点を合
わせる」としている。田他(1998：14)は、**あがる**を「到着点に焦点。全体的部分
的・連続非連続の上への移動。完了など。」、**のぼる**を「経路に焦点。自分で動くもの
の全体的で、連続した上への移動など。」とした上で、「8階へエレベーターで上がるつ
もりが、停電で歩いて上るしかない。」という例を挙げている。また、宮島(1972：
525-526)は、「山などのように、大きいもの、高いものにのぼるときには、2階のよう
に比較的低いものにのぼるばあいにくらべて、経由に要する時間が長く、当然の結果と
して、短かい時間でのぼれるばあいよりも経由に注意がむけられるだろう。ただし、到
達点が高いところだということと、経由に重点がおかれることとの、どちらが原因でど
ちらが結果かは、かんたんにはいえないであろう。」としている。

あがるが移動過程終了性動詞として用いられることは不可能であるとはいえないとしても、移動過程終了性動詞として用いられるのは通常**のぼる**である。指定された場所に至って終わる移動を過程的に表す移動過程終了性動詞は、移動を過程的にとらえる動詞である。［47］**階段を のぼっている**が動作継続を表す**している**形式で用いられているのは、のぼるが移動を過程的にとらえていることと対応している。これに対して、［71］**茶の間に あがる**、［139］**部屋に あがる**、［140］**歩道に あがる**は、いずれも移動の過程が問題にならず、［141］**二階に あがる**は、**あっという間に**という表現を伴っていて、ここでも移動の過程が問題にならない。これは、あがるが通常名詞＋までの名詞と結合せず、移動過程終了性動詞として用いられないことと対応している。

3. 出発性・経由性を持たない動詞

本章1では、名詞＋**を**に出発地点の意味を与え、指定された場所において始められる移動を表す出発性動詞の語義を、本章2では、名詞＋**を**に経由地点の意味を与え、指定された場所において行われる移動を表す経由性動詞の語義を検討した。ここでは、名詞＋**を**と通常結合しない動詞の語義を検討する。

名詞＋**を**と通常結合しない動詞の一つとして、つくを挙げることができる。［6］**塀の際に つく**では、**塀の際**にに到着地点の意味が与えられ、**塀の際**において終わる移動が示されていた。

　　［6］苔の生えたすべりやすい地面を行くと、やがて塀の際に着いた。
　　　　（『異人たちの館』204）

［63］**裏町まで つく**で見たように、名詞＋**まで**と**つく**の結合は決して不可能というわけではない。

　　［63］市谷の裏町まで三十分ほどで**着いた**。（『雲の宴（上）』381）

しかし、第1部第2章でも考察したように、[63] **裏町まで つく**は三十分ほどでという移動の所要時間を示す表現をともなっているために、終わりに至る移動を過程的にとらえる場合に用いられる名詞＋までとの結合が許容されており、通常の結合とはいえない。つくは、純粋に指定された場所において移動が終わることを示す到着性動詞である。なお、名詞＋に／へに到着地点の意味を与え、指定された場所において終わる移動を示す動詞が、単に到着を強調して表しているか、それとも、到着を移動全体から切り取って表しているかについては、第3部で検討する。

くるもまた、名詞＋に／へに到着地点の意味を与え、指定された場所において終わる移動を表す到着性動詞として用いられる動詞であるが、つくと異なり、名詞＋をとの結合において用いられる場合がある。

[148] 翌日は日曜である。三四郎は午飯（ひるめし）を澄ましてすぐ西片町（にしかたまち）へ来た。新調の制服を着て、光った靴を穿（は）いている。静かな横町を 広田先生の前まで 来ると、人声がする。（『三四郎』115）

[148] **横町を 広田先生の前まで くる**では、横町をに経由地点の意味が与えられ、横町において行われ広田先生の前に至って終わる移動が過程的に示されている。

しかし、くるは、名詞＋をとの結合において用いられることは決して多くなく、到着性動詞として用いられる場合、移動過程終了性動詞として用いられる場合が通常であろう。

[65]「永野、北海道に 来て君は感傷的になっているんだ」（『塩狩峠』245）
[１] わたしたちは函館から小樽まで船で来たんですけれど、わたしは船に弱くて酔いましてねえ。（『塩狩峠』231）

[65] **北海道に くる**では、北海道にに**到着地点**の意味が与えられ、北海道において終わる移動が示されていた。[１] **小樽まで くる**では、小樽に至っ

て終わる移動が過程的に示されていた。いずれも指定された場所において終わる移動が表されていたが、**くる**は到着性と移動過程終了性を併せ持つ動詞であり、移動過程終了性動詞を持つために経由地点を表す名詞＋**を**との結合が可能になる、と考えることができる。

第5章
移動動詞の語彙体系

1. 移動動詞の語義の結合的特徴と語彙体系

今まで見てきた移動動詞とその語義の結合的特徴を表にまとめる。
（1）通常可能なものは○、やや特殊と考えられるものは（○）とした。なお、極めて特殊なものは除いた。
（2）経由地点を表す名詞＋**を**が、名詞＋**まで**、あるいは、目的地点を表す名詞＋**に／へ**と共起して動詞と結合する場合があることから、語義の結合的特徴の配置を表の順にした。

表：移動動詞の語義の結合的特徴

	出発性	経由性	移動過程終了性	目的地点指定性	到着性	特定方向性
はなれる	○					
さる	○			(○)	(○)	
たつ	○			○		
でる	○				○	○
おりる1	○				○	○
とおる		○				
ぬける		○			○	(○)
わたる		○			○	(○)
いく		○	○		○	
すすむ		○	○			
あるく		○	○			
はいる		(○)			○	○
あがる		○			○	○
のぼる		○	○		○	○
おりる2		○	○		○	○
くる		(○)	○		○	
つく					○	
むかう				○		
でかける				○		
ちかづく				○		

出発性がはなれる、さる、たつ、でる、おりるをまとめる特徴（序の宮島（1966：170/172）からの引用参照）であり、目的地点指定性がこの中でたつを他から区別する特徴（同）である。さらに、特定方向性がでる、おりるを他の出発性動詞から区別する特徴である。

経由性がとおる、ぬける、わたる、いく、すすむ、あるく、あがる、のぼる、おりるをまとめる特徴である。移動過程終了性がいく、すすむ、あるく、のぼる、おりるを他の経由性動詞から区別し、同時にこれらの動詞をくるとともに一つの範疇にまとめる。また、到着性は、経由性動詞の中でぬける、わたる、いく、すすむ、あがる、のぼる、おりるをとおる、あるくから区別し、同時に、経由性動詞でないはいる、くる、つくとともに一つの範疇にまとめる。

目的地点指定性は、たつを他の出発性動詞はなれる、でる、おりるから区別し、同時に、出発性動詞でないむかう、でかける、ちかづくとともに一つの範疇にまとめる。たつは、一方では、出発性を持つことによってはなれる、でる、おりると、他方では、目的地点指定性を持つことによってむかう、でかける、ちかづくと範疇にまとめられる[*26]。

2. 部分的に重なり合う範疇の動詞

本章1では、名詞＋に／へに到着地点の意味を与えて指定された場所において終わる移動を表す到着性が、経由性動詞の中でぬける、わたる、いく、すすむ、あがる、のぼる、おりるをとおる、あるくから区別し、同時に、経由性動詞でないはいる、くる、つくとまとめること、目的地点指定性が、たつを他の出発性動詞はなれる、でる、おりるから区別し、同時に、出発性動詞でないむかう、でかける、ちかづくとまとめることを見た。語義の結合的特徴に注目することによって、このような部分的に重なり合う範疇における

---

*26　菅原（1985：68-69）は、語義を「意味のなかにとりあげられた、対象の特徴」である「意味の特徴」の「セット」とし、「語彙体系」の中の「さまざまな関係」を「意味の特徴によってむすばれている。」ととらえて、「ある意味の特徴がどのようにはたらいているか」を「おなじ語彙体系のなかの、どの単語とくらべるか」によって決まる、としている。

動詞間の関係を明らかにすることができる。

　ここでは、**でる**、**はいる**、**ぬける**、**わたる**の関係について検討する。**でる**は出発性動詞、到着性動詞、特定方向性動詞として、**はいる**は到着性動詞、特定方向性動詞として、**ぬける**、**わたる**は経由性動詞、到着性動詞として用いられる。これらの動詞は、到着性によってまとめられるが、他の語義の結合的特徴を考慮に入れると、部分的に重なり合う範疇の動詞である、ということができる。

　まず、**でる**は、中と外の境界を表す名詞＋**を**との結合において用いられる場合がある。

　　　［149］そして二台の車は霞ケ関の<u>出口</u>を<u>出る</u>と、赤坂の方に向った。
　　　　　（『悪霊の午後（上）』116）

　［149］では、**出口を でる**によって、**出口**の中から外へと行われる移動が示されている。**出口を**は出発地点を表している。第1部第2章で見た［25］**反対側の出入口から 元首官邸を でる**の具体的な出発地点**出入口**からも、同時に**元首官邸**の中と外との境界でもある。

　　　［25］それで、バルバリーゴは、帰宅するのだったら使うのとは反対側
　　　　　の<u>出入口から</u>、<u>元首官邸</u>を<u>出た</u>のだった。（『レパントの海戦』17）

はいるも、［50］**玄関を はいる**で見たように、境界であり、中への移動の出発地点でもある場所を表す名詞＋**を**との結合において用いられる場合があった。

　　　［50］マンションの<u>玄関</u>を<u>入って</u>二人はエレベーターの前に立った。
　　　　　（『悪霊の午後（上）』118）

境界が名詞＋**から**によって表され、到着地点を表す名詞＋**に／へ**と共起して**はいる**と結合する場合もある。

第5章　移動動詞の語彙体系

[150] 大吉は<u>オルレアン門から</u>パリに入り、アレジアからモンパルナスをぬけた。(『雲の宴(上)』143)

このように、でる、はいるは、経由地点を表す名詞+をとの結合において用いられる場合がある。「内外」の移動とは、一つの領域にある出発地点からもう一つの領域にある到着地点への移動であるために、このような用法が可能になる、と考えることができる(「上下」の移動を示すおりる、あがる、のぼるを参照)*27

一方、ぬける、わたるは、反対側に／へという一種の方向を表す名詞との結合において用いられる場合があった。

[54] ホテルのある方とは<u>反対側に</u>駅舎を**抜けて**、広い参道を歩いていく。(『まひるの月を追いかけて』66)
[119] その日がクリスマス・イヴだということを知らなかったわけではない。でも私は、街でサンタクロースの恰好をした人が大売出しのチラシを配っていたりすると、慌てて<u>道路の反対側に</u>**渡って**しまわずにはいられなかった。サンタクロースが実は父親なのだということを、もう私は知っていたから。(『ポプラの秋』105-106)

[54] (ホテルのある方とは) **反対側に** 駅舎を **ぬける**では、駅舎において(ホテルのある方とは) **反対側**という方向で行われる移動が示されていた。[119] **道路の反対側に わたる**では、道路を基準にして、その反対側にという方向で行われる移動が示されていた。**ぬける、わたる**によって表される移動は、経由地点の一方の端において始められ、もう一方の端において終わる。出発地点と到着地点は、空間中の異なる領域にあるために、**反対側に／へ**という方向を表す名詞との結合において用いられることが可能になる、と考えることができる。

*27 **外／中／下／上**+**に／へ**のような、移動動詞と結合して移動が行われる方向を表す名詞が、**外／中／下／上**+**に**でいる、あると結合している場合に相対的な位置関係を表すことは興味深い事実である。

第3部
非文末述語としての移動動詞

　第1部では、移動動詞との結合関係における名詞の意味に基づいて、各動詞の結合特性を確定し、その動詞の語義の結合的特徴を導くことを試みた。第2部では、それらの語義の結合的特徴から、いくつかの移動動詞の語義の記述、および、移動動詞の語彙体系の記述を試みた。

　動詞の語義の特徴には、特定の格形式の名詞との結合関係のみからは明らかになりにくいものがあるであろう。結合関係のみから明らかになりにくい語義の特徴が現れている文法形式は何であろうか。

第6章
経由性動詞の下位分類

　第1部では、名詞＋をに経由地点の意味を与え、指定された場所において行われる移動を表す経由性動詞として、**いく、すすむ、あるく、はしる、くぐる、こえる、すぎる、とおる、ぬける、まがる、まわる、もどる、よぎる、わたる、あがる、のぼる、おりる、くだる**を見た。これらの経由性動詞を下位分類することは可能であろうか。

　第1部冒頭に引用したように、宮島（1972）は「経過点をあらわす目的語「〜を」をとるかどうか」を「経過の段階に重点がある」動詞、および、「全部の段階をふくむ」動詞を選び出すための基準の一つにしているが、「経過点をあらわす目的語「〜を」」が全て同質であるかどうかには言及していない。一方、第1部第2章に引用したように、奥田（1968-72: 141-142）は、経由性動詞に相当する動詞を以下のように分けている。

　　「かざり名詞のさしだす場所の範囲のなかで移動動作がおこなわれる」という「うつりうごくところをあらわす連語」を作る動詞
　（A）**いく、くる、もどる、のぼる、あがる、おりる、くだる、まわる、まがる、すすむ、むかう**（以上、「移動動作を方向性という観点からとらえている」動詞）
　（B）**あるく、はしる、はう、かける、およぐ、とぶ、すべる、つたう、たどる**（以上、「移動動作を様態という観点からとらえている」動詞）

　　「ある空間を移動動作が通過することを表現している」という「とおりぬけるところをあらわす連語」を作る動詞

とおる、わたる、こえる、ぬける、すぎる、へる、よこぎる

　奥田（1968-72：141-142）によるこの分類は、名詞＋をと移動動詞の結合が表す移動の違い、経由地点と移動の関係の違いに基づいていると考えられるが、意味からだけでなく、何らかの形式的根拠に基づいて経由性動詞を下位分類することが可能であろうか。

1. 継起関係を表す形式(1)──して

　経由性動詞の下位分類の基準の一つとして、経由地点を端から端まで移動した場合にその動詞によって表される移動が成立するか、それとも、経由地点内で移動が行われさえすればその動詞によって表される移動が成立するか、という経由地点と移動の関係の違いを考えることができる。この面から経由性動詞を下位分類するために、一つの事象が別の事象（出来事・状態等）に時間的に接して先行している、「継起」関係を表す形式を利用することができるのではないだろうか。先行事象を表す動詞の形式が「完結」という意味を併せ持っていれば、先行事象としての移動に別の事象が継起していることを示す文を検討することによって、その動詞が移動のどの段階まで実現していることを表しているのかが明らかになる、ということである。

　何らかの時間的関係にある二つの事象を示す文には、城田（1998：51-102）が「関連」として挙げている**して、したら、すれば、したって、したり**といった諸形式、言語学研究会・構文論グループ（1988a：2）が挙げている**してから、したあと、するまえ、するまで、するとき、すると**といった諸形式が用いられる。本章では、これらの諸形式の中で、先行事象を表しうる**して、すると**に注目する。城田（1998）が挙げている諸形式のうち、**したら**は「ABの間に切れ目があっても、重なっても、別個のコトとして結びつけることができる」（城田 1998：74）、引用者注：Aは**したら**によって示される事象、Bは文末述語動詞によって示される事象）と規定され、**すれば**は、例えば「地震がおこれば、エレベーターを使ってはいけません」は「地震の発生の実現・完了」を「前提」とする**したら**と違い、「どの時点で「エレベーターを使っていけない」のかぼやけてしまう」ために「許容できる文とはいえな

い」（城田（1998：81））とされていて、どちらも二つの事象が継起していることを積極的に表す文に用いられる形式とはいえず、本章の目的に利用するためにはさらなる検討が必要である。一方、言語学研究会・構文論グループ（1988a：3）はしてからを基本的に二つの事象の「先行＝後続の関係」を表すが、二つの事態は「必ずしも近接していなくてもいい」、同（1988b：37）はしたあとを「先行＝後続の関係を表現している」という点で「つきそい文が「してから」を述語にするあわせ文と意味的にひとしい」、同（1988d：20）はするまえ（およびするまえに）を「いいおわり文にさしだされる出来事が、つきそい文にさしだされる出来事が実現するよりまえに実現するということだけが表現されて」いる、と規定していて、**してから、したあと、するまえ**は継起関係を積極的に表す文に用いられる形式とはいえない（引用者注：「つきそい文」＝複文の非文末述語を持つ部分）。また、同（1989：119-121）によれば、**するとき**を**するとき・したとき**という「完結」「未完結」というアスペクト的対立を持ち「同時性」を表しており、二つの事象の継起関係を表す形式ではない。

　ここでは、経由性動詞のして（以下、「して形式」）を検討する。して形式は、城田（1998：56-64）によって「様態」「継起」「因果」「並列」「独立」を表すと規定され、奥田（1989：14-16）によって「ふたつの動作の複合」に基づく「特徴づけ」「先行・後続」という関係を表すと規定されており、して形式の動詞と文末の動詞の相互関係によって二つの事象がどのような時間的関係であるかが決定され、二つの事象の時間的な継起関係の場合のみに用いられるわけではないが、「継起」（城田（1998：58-59））、「先行・後続」（奥田（1989））という用法があることは注目できる。

　奥田（1989：15）は、して形式が用いられる場合の「基本的な特徴」として「複合性」を挙げている。

　　…ひとつの複合動作をかたちづくっているとき、おおくのばあい、ふたつの動作のあいだに先行・後続の時間的な関係がみられる。定形動詞によってさしだされる、主要な動作が実現するにあたって、まえもって用意しておかなければならない状態が、第二なかどめの形のなかにさし

だされる動作によって実現されるのである。…そして、この動作は完結
して、結果的な状態をのこしていて、それが主要な動作の実現のための
条件としてはたらいている。…（奥田（1989：20）下線引用者）

　移動動詞がして形式で用いられている場合には、動詞によって表される移
動の段階が「完結」することが後続表現によって示される動作の条件である、
ということができる。
　経由性動詞がして形式で用いられている例を見ていく。第1部第1章で見
た［5］では、名詞と移動動詞の結合二つによって、移動が行われることと
終わることが表し分けられていた。

　　［5］照美も小さい頃はよくこの穴を通って庭へ遊びに行った。（『裏庭』6）

　［5］では、（この）穴を とおってによって（この）穴において移動が行わ
れることが、庭へ いったによって庭において移動が終わることが示されて
いた。穴を とおるによって示される移動が完結し、完結した場所である庭
において移動全体が終わる。庭は穴の外にあり、穴を とおるは穴という地
点の外に出る移動を示していることになる。
　以下の［151］［152］でも、［5］同様、移動が行われることと終わること
が表し分けられている。

　　［151］荷物を積み終わってから、先輩と客人は車に乗り込んだ。暗い住
　　　　宅街を抜けて、下鴨本通へ出る。（『果実の中の龍』103）
　　［152］陸橋を渡って時々寄る日曜大工の店に入った。（『丘の上の向日葵』
　　　　130）

　［151］では、住宅街を ぬけてによって住宅地において移動が行われるこ
とが、下鴨本通へ でるによって下鴨本通において移動が終わることが示さ
れている。住宅街を ぬけるにおいて示される移動が完結し、完結した場所
である下鴨本通において移動全体が終わる。下鴨本通は住宅街の外にあり、

住宅街を ぬけるは住宅街という地点の外に出る移動を示している。

［152］では、陸橋を わたってによって陸橋において移動が行われることが、店に はいったによって店において移動が終わることが示されている。陸橋を わたるによって示される移動が完結し、完結した場所である店において移動全体が終わる。店は陸橋の外にあり、陸橋を わたるは陸橋という地点の外に出る移動を示している。

［5］穴を とおるは庭へ いくの、［151］住宅街を ぬけるは下鴨本通へ でるの、［152］陸橋を わたるは店に はいるの「実現のための条件」（奥田（1989：20）からの引用参照）になっていて、いずれの場合も、名詞＋をによって指定される経由地点の外で移動全体が終わる。

次の［153］では、名詞＋を いってが用いられている。

　　［153］アカシアの並木をしばらく行って左に曲がると、
　　　　　「そこの三軒目の家だよ」
　　　　　と、吉川がアゴでさし示した。（『塩狩峠』231）

［153］では、並木を しばらく いってによって並木において移動が行われることが、左に まがるとによって移動中に方向転換が行われることが示されている。並木を しばらく いくによって示される移動が完結して、完結した場所に移動の転換点があるが、その転換点は並木の中である。しばらくをともなうことによって、並木を いくによって示される移動が完結することが明示されている。名詞＋を いくは、名詞＋をによって表される経由地点の中で移動が行われ、示される移動が「完結」するためにしばらくのような表現をともなうことが必要になる、ということができる。

2. 継起関係を表す形式(2)─すると

続いて、継起関係を表すもう一つの形式として、すると（以下「すると形式」）に注目する。すると形式は、「「すると」をつきそい文の述語にするあわせ文では、ふたつの出来事のあいだのむすびつきが、継起的な現象として経験にあたえられている」（奥田（1986：3））、「A・Bが一体化されることを

表わす」(城田 (1998 : 74))と規定されている。**すると**形式は条件文の考察においてとりあげられることも多いが、前田 (1991 : 59) は「…「時間的な継起関係」を示す複文と条件文が接しているという点が、条件文自体の本質を考える際に、大きな問題となってきている。」としており、「時間的な継起関係」を表すことが**すると**形式の主な用法の一つであることを述べている。

 …「既定・過去」の表す「時間的な継起関係」と言うべき用法は、条件接辞の中でも「と」が最も多くその用例を持つものである。(前田 (1991 : 58))

 …広い意味での因果関係を持たない「連続」の用法においてトの方が、より広い範囲で用いられることは、タラの意味がトよりも条件に近いことを表し、トは、より時間的な継起関係を表す機能を多く担う、という一般的な規定を裏付けるものである。(同 (同 : 65))

すると形式は具体的にはどのようなことを表すであろうか。豊田 (1978a) は、**すると**形式の用法として「連続」「発見」「時」「きっかけ」「因果関係」を挙げているが、これらの中で「時間的継起関係」との関係において問題になるのは「連続」「発見」である。
 まず、「連続」について、豊田 (1978a) は次のように述べている。

 連続のかたちの「と」は<u>前項の動作・作用、すなわち第一の動作・作用が終わって</u>、後項の動作・作用、すなわち第二の動作・作用がはじまる時に用いられる。(豊田 (1978a : 43)、下線引用者)

 …連続の文では、第一の動作と第二の動作は<u>区切られていて、二つの動作が明確にわかれていなければ</u>正常な文にはならないということである。(同 (同 : 43)、下線引用者)。

 連続を表す「と」の文の前項と後項の動詞は、それぞれの表す二つの

動作が区切られていなければならない。…これは、連続を表す「と」自身には動作と動作を区切って表す働きがなく、また、内的に二つの動作を結びつける働きもなく、ただ二つの動作が行われたことを客観的に述べるだけのものであることに由来すると思われる。…（同（同：45））

すると形式の「連続」用法は、先行事象が終わって後続事象が始まり、二つの事象が「継起」（奥田（1986：3）、前田（1991：58、59））する形で「一体化」（城田（1998：74））しているが、その二つの事象の間ははっきりと「区切られている」ことを表す場合である、ということができる。

次に、「発見」について、豊田（1978b）は次のように述べている。

　　発見の「と」とは、ここで、発見をみちびく「と」のことをいう。この「と」は、前項である状況が述べられ、後項であるもの、ことの状態が述べられて発見の意味になる文の前項と後項を結ぶもので、この場合「と」は<u>発見の展開点</u>の役割りをする。ここで発見とは、あるもの・ことがある状態にあることを見いだすことである。…（豊田（1978b：92）、下線引用者）

「発見の意味を表している文」の「かたち（構文）」として、以下が提示されている（豊田（1978b：93）、引用者注：Aは人、Bは人・もの・こと何でもよく、文末は過去形の場合も現在形の場合もある）。

（1）Aが～すると、　Bがあった、いた
　　　　　　　　　Bが～ていた、～ている
　　　　　　　　　（Bが）…であった、…だ
（2）Aが～すると、　B（におい・音・感じ）がした
　　　　　　　　　Bが～ているのが見えた
　　　　　　　　　（Bが）…であった、…だ

すると形式の「連続」用法では、先行事象が終わって後続事象との間に

「区切り」があるが、「発見」用法でも、「発見の展開点」があるため、**すると**形式によって示される事象の終わりが一種の「区切り」になる。どちらの用法においても、**すると**形式によって示される事象は完結して、それが区切りになる、ということができる。

なお、「時」用法では**すると**（**している**と）形式によって表されるのは動作の継続・状態であり（豊田（1979））、「きっかけ」「因果」用法では**すると**形式によって完結する事象も継続する事象も表されうる（豊田（1982/1983））。

経由性動詞が**すると**形式で用いられている例を見ていく。名詞＋**を ぬける**と、名詞＋**を わたる**とに移動後の地点の描写が続く用法がある。これも「発見」用法の一種に位置づけることができる。

[154] 駅前の商店街を抜けると、消防署があった。（『ポプラの秋』13）
[155] 川沿いの道を南に二丁ほど歩き、目印の自転車修理店の前の小橋を渡ると、黒く煤（すす）けたトタン屋根やブロック塀（べい）の小さな町工場が細い道を挟んで犇（ひしめ）くように列（なら）び、その向うに古ばけた木造住宅が並んでいた。（『白い巨塔（四）』232）

[154]では、**商店街を ぬける**とによって**商店街**において移動が行われることが示され、**消防署が あった**によって**商店街を ぬける**という移動後の場所が描写されている。**消防署が ある**という場所は、経由地点である**商店街**の外である。

[155]では、**小橋を わたる**とによって**小橋**において移動が行われることが示され、**小さな 町工場が…ならび…**によって**小橋を わたる**という移動後の場所が描写されている。**小さな 町工場が…ならび…**という場所は、経由地点である**小橋**の外である。

[154] **商店街を ぬける**と、[155] **小橋を わたる**とによって示される移動後の場所である[154] **消防署がある**場所、[155] **町工場がならぶ**場所は、いずれも名詞＋**を**によって表される経由地点の外である。経由地点を通過し、その外に出ることによって、名詞＋**を**との結合において用いられている場合の**ぬける**、**わたる**の語義である移動が成立する、ということができる。

次の［156］では、名詞＋を とおるとに場所の描写が続いている。

　［156］この家の前を通ると、まだおばあさんが起きておいでなさいます。
　　　　（『月夜と眼鏡』32）

　［156］では、（この）家の前を とおるとによって（この）家の前において行われる移動が示され、おばあさんが おきておいでなさいますという描写が続いている。おばあさんが おきておいでなさいますという場所は家であって、家の前を とおるによって示される移動の経由地点そのものである。このように、［156］は、経由地点の外の場所の描写が続く［154］［155］と異なっており、して形式の用法では共通しているとおるとぬける、わたるであるが、すると形式の用法では異なっている。
　第1部で見た以下の例のように、名詞＋をとの結合におけるいく、すすむも、すると形式で一種の「発見」に用いられる。

　［6］苔の生えたすべりやすい地面を行くと、やがて塀の際に着いた。
　　　　（『異人たちの館』204）
　［39］受付でいわれた通りに廊下をすすむと、すぐ人の通りは減って、
　　　　内科の受付に出た。（『丘の上の向日葵』285）

　［6］では、地面を いくとによって地面において移動が行われることが、塀の際に ついたによって塀の際において意図せず移動が終わることが示されていた。移動が終わる場所である堀の際は、経由地点である地面にあり、移動の所要時間を示すやがてが用いられることによって、移動に区切りが与えられている。
　［39］では、廊下を すすむとによって廊下において移動が行われることが、受付に でたによって受付において意図せず移動が終わることが示されていた。移動が終わる場所である受付は、経由地点である廊下にあり、移動の所要時間を示すすぐが用いられることによって、移動に区切りが与えられている。

第6章　経由性動詞の下位分類　　*135*

あるくも、名詞＋をとの結合において「発見」に用いられる。

[157] 通りを二百メートルほど歩くと、左手に青い金網張りの巨大な鳥籠のような建造物が暗い雨空にそそりたっていた。(『雲の宴（上）』93)

[157] では、通りを 二百メートルほど あるくとによって通りにおいて移動が行われることが示され、左手に…建造物が…そそりたっていたという描写が続いている。建造物は経由地点である通りの左手にあり、移動距離を示す二百メートルほどが用いられることによって、移動に区切りが与えられる。
次の [158] でも、あるくとが用いられている。

[158]「そうだね。おばあさまは外を歩くと、すぐくたびれるものね。きっと肩もこるかも知れないな」(『塩狩峠』33)

[158] では、外を あるくとによって外において行われる移動が示されている。しかし、この文は外を あるくことによるおばあさまの生理的状態変化を表しており、豊田 (1983) の「因果」用法として位置づけることができる。外は特定の場所を表している、この場合のあるくは宮島 (1984：56) による「移動法をあらわす運動の動詞」の一種として用いられている、ということができる。外を あるくでは「完結」は問題にならない。

3. 経由性動詞の下位の特徴—して形式／すると形式の用法から

以上の事実から、各経由性動詞のどのような下位の語義の特徴が明らかになるか考察する。まず、今までに見た用法をまとめる。

〔ｉ〕とおる、ぬける、わたるには、経由地点を表す名詞＋をとの結合においてして形式で用いられ、移動の終わりの表現が後続する、という共通の用法がある。移動が終わる場所は経由地点の外にある。

[5] 穴を とおって 庭へ いった、[151] 住宅街を ぬけて 下鴨本通へ で

る、[152] 陸橋を わたって 店に はいった

〔ⅱ〕ぬける、わたるには、経由地点を表す名詞＋をとの結合においてすると形式で用いられ、移動完結後の場所の描写が後続する、という共通の用法がある。移動完結後の場所は経由地点の外にある。

[154] 商店街を ぬけると 消防署が あった、[155] 小橋を わたると 町工場が ならび…

とおるにも、経由地点を表す名詞＋をとの結合においてすると形式で用いられ、場所の描写が後続する用法があるが、この場所は経由地点そのものである。

[156] うちの前を とおると おばあさんが おきておいでなさいます

〔ⅲ〕いくが経由地点を表す名詞＋をとの結合においてして形式で用いられる場合には、しばらくのような移動完結の条件を示す表現をともなう。

[153] 並木を しばらく いって 左に まがると

いく、すすむ、あるくが経由地点を表す名詞＋をとの結合においてすると形式で用いられる場合にも、所要時間、移動距離等の移動完結の条件を明示する表現をともなう。

[6] 地面を いくと やがて 塀の際に ついた、[39] 廊下を すすむと すぐ 受付に でた、[157] 通りを 二百メートルほど あるくと 左手に 建造物が そそりたっていた

いずれの場合も、移動が完結する場所は経由地点の中にある。

以上の、して形式、すると形式での経由性動詞の用法から、各動詞のどのような語義の特徴を導くことができるだろうか。

移動動詞がして形式で用いられる場合、その語義である移動が「完結」し、「複合性」をもってその「結果」として後続の移動が成立する（奥田（1989：20）からの引用参照）。経由地点を表す名詞＋をとの結合におけるとおる、ぬける、わたるによって表される移動の完結の結果は、経由地点の外で移動が続いていることである。また、経由地点を表す名詞＋をとの結合における

いくは、経由地点の中で移動が行われることを表しており、移動が「完結」するためには**しばらく**のような表現をともなうことが必要になる。

一方、**すると**形式の「連続」用法の場合には「区切り」が、「発見」用法の場合には「展開点」があることから（豊田（1978a/b）からの引用参照）、どちらの場合も、示される事象は完結する、ということができる。さらに、「前項動詞」が「その動作をしたあと、対象の状態の変化の結果がのこるもの」で、「後項動詞」が「一定の動作が続くことを表すもの」が「連続」用法の「落ち着きの悪い文」であること（豊田（1978a: 38-40））、「発見」用法の場合には先行事象の結果は問題にならないことから、**すると**形式の**して**形式との違いは、事象の完結をその結果を切り捨てて表現することであるといえる。

経由地点を表す名詞＋**を**との結合における**ぬける**、**わたる**は、経由地点の外に出ることによって、語義である移動が完結する。これに対して、経由地点＋**を**との結合における**とおる**は、経由地点の中で移動が行われるか、その外に出るかは問題ではなく、経由地点において移動が行われること自体によって完結し、語義である移動が完結する。さらに、名詞｜**を**との結合における**いく**、**すすむ**、**あるく**は、所要時間、移動距離等を示す表現をともない、その条件で語義である移動が完結する。

各動詞の語義の特徴をまとめる。

【1】名詞＋**を**との結合における**とおる**は、経由地点において移動が行われることによってその語義である移動が完結する。経由地点の中で移動が行われるか、その外に出るかは問題にならない[*28]。

【2】名詞＋**を**との結合における**ぬける**、**わたる**は、経由地点を通過し、その外に出ることによってその語義である移動が完結する。これらの動詞は、語義が成立するための移動の範囲が必然的に決まっている。

【3】名詞＋**を**との結合における**いく**、**すすむ**、**あるく**は、所要時間、移動距離等を示す表現をともなうという条件で、その語義である移動が完結する。これらの動詞は、指定された経由地点の範囲内で移動が行われれば語義

が成立する、ということができる*29。

　各動詞のこれらの語義の特徴は、第1部・第2部で見てきた語義の結合的特徴との間に、相関関係を認めることができる。

　[1′]　**とおる**は、経由地点を表す名詞＋**を**との結合において経由性動詞として用いられることが通常であり、それ以外の用法は特殊なものである。

　[2′]　**ぬける、わたる**は、経由地点を表す名詞＋**を**との結合において経由性動詞として、到着地点を表す名詞＋**に／へ**との結合において到着性動詞として用いられるが、経由性動詞として用いられる場合、経由地点通過後に移動が終われば、到着性動詞として用いられる場合と同一の移動が示される。

　[3′]　**いく、すすむ**は、経由地点を表す名詞＋**を**との結合において経由性動詞として、到着地点を表す名詞＋**に／へ**との結合において到着性動詞として、名詞＋**まで**との結合において移動過程終了性動詞として用いられる。なお、**あるく**については、経由地点を表す名詞＋**を**との結合において経由性動詞として、移動が終わる場所を表す名詞＋**まで**との結合において移動過程終了性動詞として用いられることは**いく、すすむ**と共通しているが、到

---

　*28　**とおる**と結合している名詞＋**を**によって表される経由地点は、そこにおいて移動が行われることが通過である場合、その中で行われる移動である場合のどちらもありうる。[6-1]**ドアを　とおる**は通過、[6-2]**庭を　とおる**はその中での移動を表している
　[6-1]おじいちゃんも、この<u>ドア</u>を**通**って、レイチェルやレベッカのところへ遊びに行ったのだ。(『裏庭』44)
　[6-2]私はまだ湿っているおばあさんの下駄を突っかけると、<u>庭</u>を**通**って外の門のところまで行った。(『ポプラの秋』44)
　*29　次の名詞修飾用法の例**道を　いく　いく人か**のように、**して**形式、**すると**形式以外の用法で移動完結の条件を明示する表現をともなわない場合、移動が終わらなくても語義が成立すると考えることができる。
　[6-3]大声でアーメンと叫んだ時、<u>道</u>を**行く**いく人かが笑った。(『塩狩峠』272)

第6章　経由性動詞の下位分類　　139

着地点を表す名詞+に/へとの結合においては通常用いられず、この点でいく、すすむと異なる。

　1つの動詞の経由性以外の語義の結合的特徴と、非文末述語の用法から明らかになる語義の特徴の間に相互関係があることから、その背景として共通の語義の特徴を想定することができる。また、各動詞がどの語義の結合的特徴を併せ持つかにも注目する必要があるだろう。

第7章
到着性動詞の下位分類

　第1部では、結合相手の名詞＋に／へに到着地点の意味を与え、指定された場所において終わる移動を表す到着性動詞として、**おりる、いく、つく、くる、かえる、うつる、すすむ、もどる、のる、あがる、のぼる、でる、はいる**といった動詞を見てきた。これらの動詞は、名詞＋に／へとの結合において、過程を問題にせずに移動が終わることを表す（第1部第2章のどこにいってもとどこまで いってもについての考察を参照）。これらの到着性動詞を下位分類することは可能であろうか。

1. 到着性動詞の下位の特徴(1)—して形式／すると形式の用法から

　いく、くるは、到着地点を表す名詞＋に／へとの結合において、して形式でも、すると形式でも用いられる。

　まず、いく、くるがして形式で用いられる場合を見る。

　　[159] 藤綱は<u>洗面所に</u>行って<u>自分の顔を鏡でみた</u>。（『悪霊の午後（上）』58）
　　[160] 「ああ、言いたいことはたくさんあるよ。永野さん、あんた<u>旭川に</u>来て、<u>おれの悪口を言いふらすつもりかね</u>」（『塩狩峠』303）

　[159] では、**洗面所に いって**によって**洗面所において移動が終わること**が、**(自分の) 顔を 鏡で みた**によって同一主体**藤綱**の移動後の動作が示されている。
　[160] では、**旭川に きて**によって**旭川において移動が終わること**が、お

第7章　到着性動詞の下位分類　　*141*

れの悪口を 言いふらす（つもり）によって同一主体永野さんの移動後の動作（の意思）が示されている。

奥田（1989）は、して形式のこのような用法について、以下のように述べている。

> 先行する動作と後続する動作とが複合動作をかたちづくっているばあいの、特殊な例として、第二なかどめの動詞が移動動作をさししめしているばあいがある。このばあいでは、定形動詞にさしだされる、主要な動作が実現するために、空間的な移動が先行していなければならないのである。したがって、第二なかどめは、主要な動作が実現する空間をさしだしていることになるだろう。…（奥田（1989：21））

先行する移動の「完結」の「結果」の中での動作とは、この場合、到着地点における動作である。［159］では洗面所で（自分の）顔を 鏡で みた、［160］では旭川で おれの悪口を 言いふらす（つもり）ということになる。

次に、いく、くるがすると形式で用いられる場合を見る

  ［161］翌日、府中は社に行くとすぐ宮島教授に電話をかけ、彼が得た南条英子についての新しい知識を伝えた。（『悪霊の午後（下）』153）
  ［162］轟恭助と会う日の朝、編集室にゆくと、ちょうど電話が鳴っていた。（『雲の宴（下）』387）
  ［163］「それに、何もかも、どうしてこう濃く、くっきり見えるんでしょう？ 度の強い眼鏡をかけたみたい。ほら、あの鷗も、港の風景の外に出て、ひとりで勝手に飛んでいるみたい……」
  「本当にそうね。ここに来ると、何もかも、覆いをとられて、正体をむき出しにしているのね」（『雲の宴（上）』197-198）

［161］では、社に いくとによって社において移動が終わることが、宮島教授に 電話を かけ…知識を つたえたによって同一主体府中の移動後の動作が示されている。

[162]では、**編集室に ゆくと**によって**編集室**において移動が終わることが示され、**電話が なっていた**によって移動が終わった場所が描写されている。

[163]では、**ここに くると**によってここにおいて移動が終わることが示され、**何もかも…正体を むき出しにしている**によって移動が終わった場所が描写されている。

[161]は「連続」用法、[162][163]は「発見」用法に相当する（豊田（1978a/b）参照）。[161]は**すぐ**、[162]は**ちょうど**を伴っていて、二つの事象の時間的関係が強調されている。

このように、**いく、くる**が、到着地点を表す名詞＋**に／へ**との結合において、非文末述語としてして形式でも、**すると**形式でも用いられるのに対して、同じく到着性動詞である**つく**は、非文末述語としてはもっぱら**すると**形式で用いられる。

[164] 二人は<u>八王子に**着く**と</u>、<u>バスに乗り換え</u>、二十分ほど揺られ、山に近づいた。（『雲の宴（下）』396）

[165] 会場の<u>料亭に**つく**と</u>もう<u>新聞社やテレビの人たちが待機していた</u>。（『悪霊の午後（上）』10）

[164]では、**八王子に つくと**によって**八王子**において移動が終わることが、**バスに のりかえ**…によって同一主体**二人**の活動が継起することが示されている。「連続」用法に相当する。

[165]では、**料亭に つくと**によって移動が終わることが示され、…**人たちが 待機していた**によって、移動が終わった場所が描写されている。「発見」用法に相当する。

到着地点を表す名詞＋**に／へ**との結合における**いく、くる**は、主体の移動とその結果としての到着地点における存在を併せて表しており、結果としての到着地点での主体の存在を問題にする場合には**して**形式で、結果を問題にしないで動作の時間的連続として表現する場合には**すると**形式で用いられるのに対して、同じく到着地点を表す名詞＋**に／へ**との結合における**つく**は、移動の結果としての到着地点での存在を問題にしないで、二つの事象の時間

第7章 到着性動詞の下位分類

的連続として表す場合に用いられる、ということができる。

2. 到着性動詞の下位の特徴(2)——するまで形式の用法から

　本章1では、つくは、到着性動詞の中でも、すると形式で二つの事象の時間的関係を問題にする場合の先行事象の表現として多く用いられることを見た。つくは移動の終わりとしての到着のみを移動全体からとりだしてとらえているために、時間的な配置の表現等に用いられやすいのではないか、ということが考えられる。この問題を考える手掛りとして、その動詞によって示される事象に、時間的に接してもう一つの事象が先行することを表す形式を考えてみることにする。

　ある事象が先行し、それに移動動詞によって示される移動が継起することを示す場合に用いられる形式の一つに、言語学研究会・構文論グループ(1988c)に提示されている**するまで**という形式（以下、「**するまで**形式」）がある。同（同：18）は、**するまで**形式について、「いいおわり文にさしだされる出来事はまず先行していて、つきそい文にさしだされる、後続する出来事の出現をみずからの実現と存在の限界にするのである」と規定している。文末述語によって示される事象の終わりと、**するまで**によって示される事象の「出現」、つまりその始まりが時間的に接している、ということになる。

　まず、到着地点を表す名詞＋に／へとの結合おける**つくまで**の例を見る。

> [166] 商店街のスーパーで、オサムくんは慣れた様子で買い物をし、また川沿いの道を二人で歩いて帰った。アパートに着くまで、私は日頃の人見知りを返上して、おばあさんのことや、佐々木さんの猫餌投げのことなんかを話したのをよく憶えている。(『ポプラの秋』105)

　[166] では、**アパートに つく**という事象が「出現」する時点に至るまで、**私は…のことなんかを 話した**という動作が行われていたことが示されている。**私は…のことなんかを 話した**のは、アパートをめざして移動中の時間である。到着地点を表す名詞＋に／へとの結合におけるつくが用いられて

いる場合、到着地点を目指して移動が行われている段階は排除され、移動の終わりつまり到着がとりだされている、ということができる。

次に、到着地点を表す名詞＋に／へとの結合におけるいくまで、くるまでの例を見る。

　　[167]「…そうなると、当直の診察責任は、自(おのず)とその医局員一人にかかって来、明け方、急患が運び込まれ、その処置が一段落したあと、急性心不全を起こして死んでしまったんだ、しかも翌朝、看護婦が、<u>当直室へ起しに行くまで</u><u>彼の死は誰にも知られず</u>、薄汚れた当直用のベッドの中で、ほろ屑(くず)のように疲れ果てた姿で死んでいたというのだ……」(『白い巨塔 (四)』21)
　　[168] 我々は群集の中にいた。群集はいずれも嬉(うれ)しそうな顔をしていた。其所(そこ)を通り抜けて、花も人も見えない<u>森の中へ来るまでは</u>、<u>同じ問題を口にする機会がなかった</u>。(『こころ』36)

[167] では、**当直室へ いく**という事象が出現する時点に至るまで、**彼の死は 誰にも 知られず**…が続いている。**当直室**を目指して移動が行われている段階は排除されている。

[168] では、**森の中へ くる**という事象が出現する時点に至るまで、…**機会が なかった**が続いている。**森の中**を目指して移動が行われている段階は排除されている。

以上、[167] [168] では、名詞＋に／へとの結合における**いく、くる**が用いられ、名詞＋に／へとの結合における**つく**が用いられる場合同様、移動が行われる段階が排除され、移動の終わりがとりだされていた。次の[169] [170] はどうであろうか。

　　[169] しばらくして遠くの岩場の手前に、きらりと輝く黒っぽいものがあることに気がつきました。きっと打ち上げられた海草か何かでしょう。純一は<u>近くに行くまで</u>、<u>あまり気にしていませんでした</u>。(『コドモノクニ』59-60)

第7章 到着性動詞の下位分類

[170] 北海道にくるまではいやなところだと思ったが、住めば都よふるさとよだね。札幌はいいところだよ。(『塩狩峠』133)

[169] では、あまり 気にしていませんでしたは近くに いくという事象の出現に接して先行しているが、必ずしも移動が行われている段階が排除されているとはいえず、移動の終わりのみがとりだされているわけではない。

[170] では、いやなところだと 思ったは北海道に くるという移動全体に接して先行していて、ここでも移動の終わりのみがとりだされているわけではない。

到着地点を表す名詞＋に／へとの結合におけるつくは、移動全体から移動の終わり、つまり、到着をとりだして表しているのに対し、到着地点を表す名詞＋に／へとの結合におけるいく、くるは、移動全体から到着をとりだして表す場合も、到着に至る移動全体を表す場合もある。

この語義の特徴を今までに見てきた各動詞の結合特性・語義の結合的特徴と照らし合わせてみる。つくは通常到着地点を表す名詞＋に／へとの結合において到着性動詞として用いられる。いくは経由地点を表す名詞＋をとの結合において経由性動詞として、移動終了地点を表す名詞＋までとの結合において移動過程終了性動詞として、到着地点を表す名詞＋に／へとの結合において到着性動詞として用いられる。くるは移動終了地点を表す名詞＋までとの結合において移動過程終了性動詞として、到着地点を表す名詞＋に／へとの結合において到着性動詞として用いられる他、経由地点を表す名詞＋をとの結合において経由性動詞として用いられることもある。

このように、通常到着性動詞としてのみ用いられるつくは到着をとりだして表す、一方、経由性動詞、移動過程終了性動詞、到着性動詞として用いられるいく、くるは移動全体を表しうる、という相関関係が認められる。1つの動詞の到着性以外の語義の特徴と、非文末述語の用法から明らかになる語義の特徴の間のこの相互関係から、経由性動詞の場合同様、その背景とは共通の語義の特徴を想定することができる。そして、到着性動詞の場合も、各動詞がどの語義の結合的特徴を併せ持つかにも注目する必要があるだろう。

終わりに

　第1部では、名詞+から／を／まで／に／へと移動動詞の結合関係から、他の格形式との置き換え可能性、共起可能性を考慮しながら、名詞の移動動詞との結合における意味を確定し、それに基づいて移動動詞の文法的な結合特性、その背景となる語義の特徴（語義の結合的特徴）を導くことを試みた。名詞の文法的意味に関係する要因は以下のものであった。

A：特定の場所を示す名詞であるか、それとも、名詞+に／へという格形式での移動動詞との結合において移動が行われる方向を表す名詞であるか、という名詞の語彙的な種類。
B：どの格形式であるか。特に、名詞+から、名詞+までのように、移動動詞と結合する場合に移動が始められる場所／終わる場所を表す、ある程度自立性のある格形式と、結合相手の移動動詞に応じて、出発地点／経由地点を表す場合がある名詞+を、到着地点／目的地点を表す名詞+に／へという区別は重要である。

　本書では、移動動詞の語義の結合的特徴として、出発性、経由性、到着性、目的地点指定性、移動過程終了性、特定方向性を導いた。
　第2部では、以上の語義の結合的特徴に基づいて、いくつかの移動動詞の語義の記述と、この面からの語彙体系の記述を試みた。
　第3部では、特定の格形式の名詞との結合関係からは明らかになりにくい動詞の語義の特徴を、継起関係を表す文中述語形式—**して、すると、するまで**—の用法を用いて明らかにしようと試みた。
　第1部第3章でも考察したように、その語の「形式」の一つである、他の語との結合（序の宮島（1972：166）からの引用参照）から導かれる語義の結合的特徴は、その語が特定の語義で常にその結合において用いられるなら、語

義を規定するための最も確実な手掛かりとなり、しかも、個々の動詞の語義と語彙体系とを媒介する重要な特徴である。これに注目することによって、文法的結合関係・語義・語彙体系を統一的に扱うことが可能になる。

　実用を目的とする辞書にとっても、動詞の語義の説明に際して、「文型」つまり特定の格形式の名詞との結合関係を提示することは重要なことである。また、このような結合特性が移動動詞を語彙体系に組織するものであるなら、それによってある移動動詞と他の移動動詞との語彙体系内での関係も明らかになる。それを辞書の説明に応用すれば、他の語による言い換えとなる。「文型」の提示による語義の説明と、他の語による言い換えとは、語義の結合的特徴の実用への応用の二つの面である、ということができる。

　本書で試みた移動動詞の語義の記述、語彙体系の記述のための方法論を一般化してみる。特定の格形式の名詞と移動動詞との結合は、文にとっての述語を形成する。このような結合に基づいて移動動詞の語義を規定することは、述語の意味を規定することでもある。

　　　出発点的な能動構造の文にかぎるなら、主語は主体をあらわし、述語はその属性をあらわすというかたちで、意味的な構造と機能的な構造とのあいだにはくいちがいはなく、対応関係をみごとにたもっている。
　　（奥田（1979：167））

　動詞の語義を規定することは、その動詞が用いられている文の意味を規定することと対応する。この場合の「文の意味」とは、「文の範疇的な意味」である。

　　　文は、単語のばあいとおなじような意味で意味論の対象とすることはできないだろう。文の意味論的研究というものは、もちろんありうるけれども、それはおそらく個々の文の意味に密着したものではなくて、一般的なものだろう。すなわち、単語の意味を前提にし、これこれの種類の意味をもった単語が結合するときに、どのような文が生じうるか、というようなことを研究するものであるだろう。単語の数が有限であるの

に対し、文の数は原理的に無限であって、それを意味的な観点から個々に記述するということ、「わたしは本をよんだ」「わたしは手紙をよんだ」「わたしは本をかいた」「わたしは手紙をかいた」などの意味を個々に記述するということは、言語学のしごとではないだろう。（宮島（1972：665））

「文の範疇的意味」を構成するものは何か。例えば、Lyons（1995：33）は、文の意味を決定する要素として、文を構成する語の語義、文の文法的構造を挙げている。[*30] また、佐藤（1999）は、文の意味を「対象的内容」という名で呼び、次のように定式化している。

　　文の《対象的な内容》は、一次的には、そこに使用される単語の語彙的な意味と、それらがつくりだす構造的なむすびつきとからなる。（佐藤（1999：92））

本書では、移動動詞の特定の格形式の名詞との結合関係に現れる語義の特徴を中心的な手掛りとして、その移動動詞の語義の記述、さらには語彙体系の記述を試みたが、このような方法は、例えば物を空間移動させることを表す他動詞のような他の意味分野の動詞の語義の規定と語彙体系の記述にも、さらには、他の品詞の語についても応用可能であろう。また、実用面として、辞書の語義の説明と意味分類への応用も可能であろう。

[*30] Lyons（1995：33）は次のように述べている。
The meaning of a sentence is determined not only by the meaning of words of which it is composed, but also by its grammatical structure.（文の意味は、構成する語の意味だけでなく、その文法的構造によって決定される。

参考文献

荒正子（1975）「から格の名詞と動詞とのくみあわせ」
　　（言語学研究会編（1983）『日本語文法・連語論（資料編）』397-435．むぎ書房）
―――（1977）「まで格の名詞と動詞とのくみあわせ」
　　（言語学研究会編（1983）『日本語文法・連語論（資料編）』455-471．むぎ書房）
李善姫（2004）「結合頻度からみた移動動詞の語彙的意味」
　　（東京外国語大学日本課程・留学生課共編『日本研究教育年報』8）
石綿敏雄（1999）『現代言語理論と格』ひつじ書房
上野誠司（2007）『日本語における空間表現と移動表現の概念意味論的研究』ひつじ書房
岡田幸彦（2001a）「構文論的結合関係から見た現代日本語の移動動詞の記述の試み」東京外国語大学『日本研究教育年報』2000年度版
―――（2001b）「空間移動を表す動詞の分析―構文特性・アスペクト特性・タクシス特性に基づいて―」国立国語研究所『日本語科学』10
―――（2003）「物体の空間移動を表す他動詞の語彙的意味記述のための試論―補語的名詞（句）との結合関係に基づいて―」（『松田徳一郎教授追悼論文集』102-114　研究社）
―――（2004/2005/2006a）「移動自動詞の語彙的意味の特性としての方向性―現代日本語を例に（1）（2）（3）」獨協大学言語文化学科『マテシス・ウニウェルサリス』5-2／6-2／7-2
―――（2006b）「移動自動詞の語彙的意味の特性としての方向性と到着地指定性―現代日本語を例に―」獨協大学言語文化学科『マテシス・ウニウェルサリス』8-1
―――（2007）「現代日本語の移動動詞の記述―出発地指定性」獨協大学言語文化学科『マテシス・ウニウェルサリス』9-1
―――（2009a）「現代日本語の移動動詞と場所名詞の格」埼玉大学大学院文化科学研究科『日本アジア研究』6
―――（2009b）「複文中の用法に基づく移動動詞の意味分析―「すると」「するまで」の場合―」拓殖大学留学生別科『日本語紀要』19
奥田靖雄（1962）「に格の名詞と動詞とのくみあわせ」（言語学研究会編（1983）

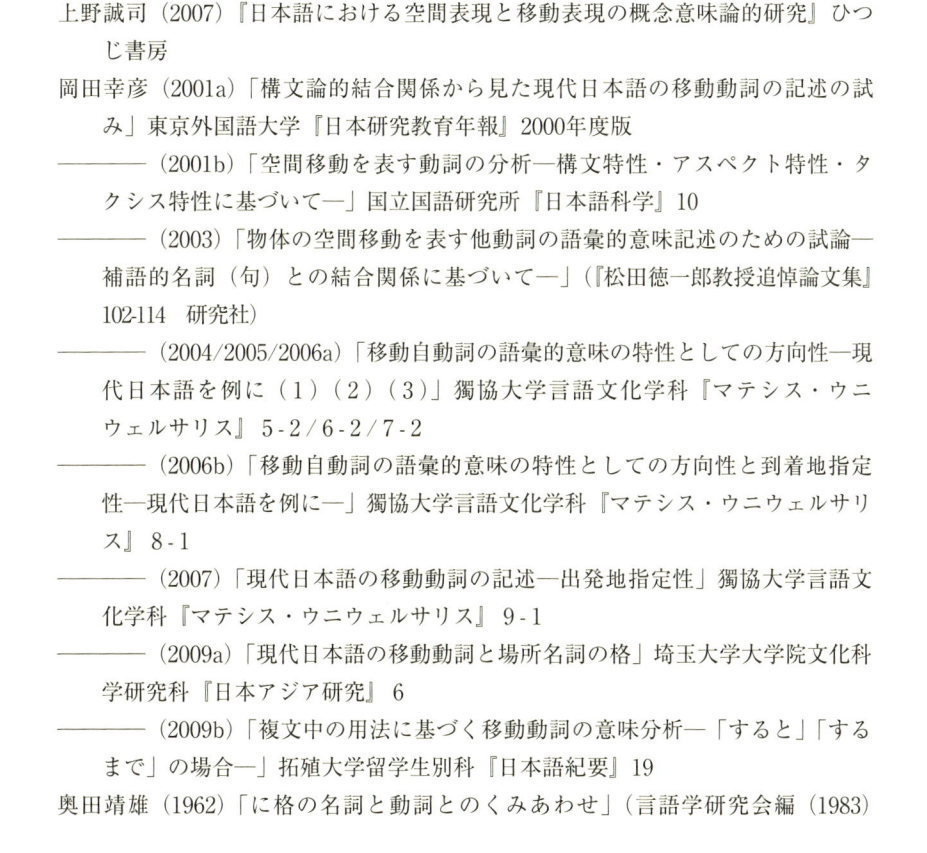

『日本語文法・連語論（資料編）』281-323．むぎ書房）
――――（1967）「語彙的な意味のあり方」（奥田靖雄（1985：3 -20））
――――（1968-72)「を格の名詞と動詞とのくみあわせ」（言語学研究会編（1983）
『日本語文法・連語論（資料編）』21-149．むぎ書房）
――――（1972）「語彙的なものと文法的なもの」（奥田（1985：21-29））
――――（1974）「単語をめぐって」（奥田（1985：41-51））
――――（1976）「言語の単位としての連語」（奥田（1985：67-84））
――――（1977）「アスペクトの研究をめぐって」（奥田（1985：85-104））
――――（1980-81)「言語の体系性」（奥田（1985：189-226））
――――（1985）『ことばの研究・序説』むぎ書房
――――（1986）「条件づけを表現するつきそい・あわせ文　その体系性をめぐって―」（『教育国語』87：2 -19）
――――（1988）「時間の表現（1）／（2）」『教育国語』94：2 -17/95：28-41、むぎ書房
――――（1989）「なかどめ―動詞の第二なかどめのばあい―」
（言語学研究会編（1989）『ことばの科学』2：11-47　むぎ書房）
川端善明（1986）「格と格助詞とその組織」（宮地裕編『論集　日本語研究（一）現代編』1 -40明治書院）
北原博雄（1998）「移動動詞と共起するニ格句とマデ格句―数量表現との共起関係に基づいた語彙意味論的考察―」『国語学』195:98-84（15-29）
工藤真由美（1995）『アスペクト・テンス体系とテクスト』ひつじ書房
国廣哲彌編（1976/1979/1982）『ことばの意味　1／2／3　辞書に書いてないこと』平凡社選書
言語学研究全編（1983）『日本語文法・連語論（資料編）』むぎ書房
言語学研究会・構文論グループ（1988a/1988b/1988c/1988d）「時間・状況をあらわすつきそい・あわせ文」（1）（2）（3）（4）『教育国語』92：2 -13/93：37-46/94：18-28/95：18-27．むぎ書房
――――（1989）「接続詞「とき」によってむすばれる、時間的なつきそい・あわせ文」言語学研究会編『ことばの科学3』119-134、むぎ書房
小泉保他編（1989）『日本語基本動詞用法辞典』（大修館書店）
佐藤里美（1999）「文の対象的な内容をめぐって」（言語学研究会編『ことばの科学9』87-97)
城田俊（1981）「格助詞の意味」京都大学『国語国文』50（4）：43-56．

―――― (1998)『日本語形態論』ひつじ書房
菅原厚子 (1985)「単語、その語彙的な意味」『教育国語』80：60-69
鈴木重幸 (1972)『日本語文法・形態論』むぎ書房
寺村秀夫 (1982)『日本語のシンタクスと意味Ⅰ』くろしお出版
田忠魁・泉原省二・金相順 (1998)『類義語使い分け辞典』研究社
豊田豊子 (1978)「接続助詞「と」の用法と機能（１）」『日本語学校論集』5
―――― (1979)「発見の「と」」『日本語教育』36
早津恵美子 (2009)「語彙と文法との関わり―カテゴリカルな意味―」政治大学
前田直子 (1991)「条件文分類の一考察」『東京外語大日本語学科年報』13
宮島達夫 (1966)「意味の体系性」(宮島 (1994：145-175))
―――― (1972)『動詞の意味・用法の記述的研究』秀英出版
―――― (1977)「語彙の体系」(宮島 (1994：7-42))
―――― (1983)「単語の本質と現象」(宮島 (1994：95-112))
―――― (1984)「日本語とヨーロッパ語の移動動詞」(宮島 (1994：43-72))
―――― (1986)「格支配の量的側面」(宮島 (1994：437-461))
―――― (1989)「動詞の意味範囲の日中比較」(宮島 (1994：417-436))
―――― (1994)『語彙論研究』むぎ書房
村木新次郎 (1991)『日本語動詞の諸相』ひつじ書房
渡辺友左 (1963)「ヘ格の名詞と動詞とのくみあわせ」
(言語学研究会編 (1983)『日本語文法・連語論（資料編）』341-352. むぎ書房)

Lyons, J. (1977) Semantics.Vol.1. Cambridge University Press.
―――― (1995) Linguistic Semantics. An Introduction. Cambridge University Press.

用例出典

井上靖『敦煌』新潮文庫
井伏鱒二『山椒魚』新潮文庫
江國香織『きらきらひかる』新潮文庫／『流しのしたの骨』新潮文庫
遠藤周作『悪霊の午後（上）／（下）』講談社文庫／『海と毒薬』新潮文庫
小川未明『月夜と眼鏡』(『小川未明童話集』新潮文庫)
折原一『異人たちの館』新潮文庫

恩田陸『まひるの月を追いかけて』文春文庫／『六番目の小夜子』新潮文庫
小池真理子『足』／『ぼんやり』(『水無月の墓』新潮文庫)
塩野七生『レパントの海戦』新潮文庫
妹尾河童『少年H（上）』新潮文庫
辻邦生『雲の宴（上）／（下）』朝日文庫／『背教者ユリアヌス（上）』中公文庫
天童荒太『幻世の祈り』新潮文庫
梨木香歩『裏庭』新潮文庫
夏目漱石『三四郎』岩波文庫
沼田まほかる『九月が永遠に続けば』新潮文庫
帚木蓬生『閉鎖病棟』新潮文庫
坂東眞砂子『山妣（上）』新潮文庫
三浦綾子『塩狩峠』新潮文庫
宮部みゆき『火車』新潮文庫
森見登美彦『きつねのはなし』(+『果実の中の龍』) 新潮文庫
山崎豊子『白い巨塔（四）／（五）』新潮文庫
山田太一『丘の上の向日葵』新潮文庫
湯本香樹実『夏の庭』新潮文庫／『ポプラの秋』新潮文庫

※基本的に戦後の小説から収集したが、現代語の形成に多大な影響を与えたことを考慮して、一部に夏目漱石の小説からの例を用いた。

後書き

　本書は、2010年9月に埼玉大学文化科学研究科博士後期課程に提出した学位論文「現代日本語の移動動詞―構文からみた語彙的意味と語彙体系の記述―」の主要部分を書き改めたものである。初出は以下の通り。ただしそれぞれ大幅に加筆修正している。

第1章、第2章1-4　「現代日本語の移動動詞と場所名詞の格」埼玉大学大学院文化科学研究科『日本アジア研究』6（2009）
第2章5　「移動自動詞の語彙的意味の特性としての方向性―現代日本語を例に（1）（2）（3）」獨協大学言語文化学科『マテシス・ウニウェルサリス』5-2/6-2/7-2（2004/2005/2006）
第6、7章　「複文中の用法に基づく移動動詞の意味分析―「すると」「するまで」の場合―」拓殖大学留学生別科『日本語紀要』19（2009）
　上記以外は書き下ろしであるが、前述の「移動自動詞の語彙的意味の特性としての方向性―現代日本語を例に（1）（2）（3）」、および、「移動自動詞の語彙的意味の特性としての方向性と到着地指定性―現代日本語を例に―」獨協大学言語文化学科『マテシス・ウニウェルサリス』8-1（2006）、「現代日本語の移動動詞の記述―出発地指定性」獨協大学言語文化学科『マテシス・ウニウェルサリス』9-1（2007）の内容を第4章の一部に用いた。
　さらに、「構文論的結合関係から見た現代日本語の移動動詞の記述の試み」東京外国語大学『日本研究教育年報』2000年度版（2001）、「空間移動を表す動詞の分析―構文特性・アスペクト特性・タクシス特性に基づいて―」国立国語研究所『日本語科学』10（2001）の内容も全体のベースになっている。

　20年以上前、東京外国語大学日本語学科での卒業論文、同外国語学研究科での修士論文では、多義動詞の語義を扱った。その際、当時の指導教授で

あった湯本昭南先生から、本書の主要な参考文献とした宮島達夫著（1972）『動詞の意味・用法の記述的研究』と、奥田靖雄著（1968-72）「を格の名詞と動詞とのくみあわせ」他「連語論」の諸文献を御紹介いただいた。湯本先生からは、「連語の構造」（奥田論文から）とは何か考えよ、との課題を出され、いまだ明確な結論に至ることができずにいるが、活字に基づいて独自解釈を試み、継続的に話を聞いていただいていた。湯本先生との、そして、宮島、奥田両氏の著作との出会いが私の研究の出発点である。ここに感謝申し上げます。

　その間、移動動詞の語義に関心を持つようになり、本書の主な元の一つとした拙稿（2001）「空間移動を表す動詞の分析―構文特性・アスペクト特性・タクシス特性に基づいて―」執筆の際には、当時獨協大学の城田俊先生に下書きの段階で読んでいただく機会を得、いろいろとご批判をいただきながらも、本書で語義の結合的特徴と呼んだものに注目していただいた。これにわずかばかりの自信を得て移動動詞の研究を続け、その後東京外語の早津恵美子先生や中澤英彦先生（ロシア語学）にもご批判・ご意見をいただき、埼玉大学文化科学研究科博士後期課程に入学後は、指導教授の仁科弘之先生、また、山口仲美先生、小出慶一先生にもご指導をいただいた。

　完成原稿を読んで下さった菅野裕臣先生（朝鮮語学）からは、「連語論」との関係があいまいなままであり、語結合論をきちんと展開すべきであった、というご批判をいただいた。また、城田先生にはApresjanによるロシア語意味論の諸著作を、さらに、仁科先生には意味役割理論、拓殖大学の渡辺勉先生（英語学）には構文文法という英語圏での研究の数々をご紹介いただいたが、本書に十分活かすことが出来なかった。今後の課題を残してしまってはいるが、移動動詞の研究における私の一つの区切りとして、本書を形にすることを決意したものである。

　このように、本書を形にするまでには大勢の先生方の御世話になっている。中でも、原稿を通読して下さり、本書出版の道を開いてくださった学習院大学の前田直子先生には特に感謝申し上げます。また、出版計画の段階から笠間書院の重光徹氏には多大なご迷惑をおかけしました。お詫びと深謝を申し上げます。

修士課程修了後、松田徳一郎先生にほぼ毎月のようにLyons, J. (1977) Semantics. Vol.1の読書会を開いていただいていた。御恩に報いることができないうちに、2001年6月、松田先生の訃報に接することになってしまった。それ以来12年が過ぎてしまい、拙いものではあるが、松田先生に本書を捧げたい。

■著者紹介

岡田 幸彦 （おかだ ゆきひこ）

1965年長野県生まれ、埼玉県育ち。
1992年3月東京外国語大学外国語学研究科（日本語学専攻）修士課程修了（文学修士）。
2010年9月埼玉大学文化科学研究科博士後期課程修了（博士（学術））。
現在、共立女子短期大学、拓殖大学日本語教育研究所等で非常勤講師。

語の意味と文法形式

2013年8月31日　初版第1刷発行

著　者　岡田　幸彦
装　幀　笠間書院装幀室
発行者　池田つや子
発行所　有限会社　笠間書院
東京都千代田区猿楽町2-2-3　[〒101-0064]
電話 03-3295-1331　　fax 03-3294-0996

ISBN978-4-305-70703-1　©OKADA 2013　　　　モリモト印刷
落丁・乱丁本はお取り替えいたします。
http://kasamashoin.jp/